맥체인 1년 1독 성경읽기

맥체인 통독 맥잡기(3)

김홍양 지음

신교횃불
ccm2u.com

맥체인 1년 1독 성경읽기

맥체인 통독 맥잡기(3)

맥체인 성경읽기란?

맥체인 성경읽기표는 1842년 맥체인이 자신이 목양하던 성 베드로 교회 성도들의 영적 성장을 위해 개발한 것으로, 매일 구약과 신약을 각각 2장씩 읽음으로써 1년에 구약 1회, 신약과 시편을 각 2회 정독할 수 있도록 만든 표입니다.

이와 같은 맥체인의 방법에 따라 신구약 성경 전체를 골고루 4등분해서 동시에 읽으면, 성경에 기록된 장구한 구속사를 크게 네 시대로 나누어 동시에 묵상할 수 있습니다.

각각의 시대마다 하나님께서는 하나님이 세우신 사람들과 언약을 맺으셨고, 그 언약을 완성하셨습니다. 그리고 이 시대들은 서로 씨줄과 날줄이 되어 하나님의 구속사를 완성하는 완벽한 하모니를 이루고 있습니다.

때로는 시대별로, 때로는 거시적인 안목에서 구속사 전체를 한 번에 아우르게 합니다. 그렇기에 남녀노소, 교회의 직분을 무론하고, 누구나 맥체인 성경읽기표를 따라 성경을 읽으면, 성경에 대한 명쾌한 이해와 함께 하나님께서 감춰두신 구속의 보화를 찾는 기쁨을 누릴 수 있습니다.

또한 이를 통해 성경의 맥을 보다 쉽게 잡을 수 있습니다. 이렇게 하나님의 계시 목적에 평행선을 그으며 따라가는 것은 맥체인 성경읽기표만의 독특한 방식입니다.

성경을 읽다가 중간에 빠뜨린 부분이 있더라도 포기하지 말고, 그날의 날짜에 맞추어 읽는 것이 좋습니다. 이런 습관은 해가 거듭되더라도 반복적으로 성경을 통독할 수 있게 해 주기 때문입니다. 개인적으로 읽을 때는 아침, 저녁으로 나누어 읽으셔도 됩니다. 각자의 방법대로 성경을 읽으면 됩니다.

> "또 어려서부터 성경을 알았나니 성경은 능히 너로 하여금 그리스도 예수 안에 있는 믿음으로 말미암아 구원에 이르는 지혜가 있게 하느니라 모든 성경은 하나님의 감동으로 된 것으로 교훈과 책망과 바르게 함과 의로 교육하기에 유익하니 이는 하나님의 사람으로 온전하게 하며 모든 선한 일을 행할 능력을 갖추게 하려 함이라" (딤후 3:15-17).

맥체인 성경읽기의 필요성

▶ "맥체인 성경읽기"의 특징과 장점

○ 맥체인 성경은 구약과 신약(또는 시편)에서 4권씩 짝을 이루고 있어서 흥미롭고 읽는 재미를 더합니다.

○ 맥체인 성경은 구약과 신약의 대조를 통해 말씀 간 연관성 및 의미의 다채로움을 만끽하게 합니다.

○ 맥체인 성경은 매일 신구약의 4장씩 일정량을 읽도록 구성되어, 끝까지 효과적으로 읽을 수 있습니다.

○ 맥체인 성경은 하나님의 구속사를 한눈에 볼 수 있도록 구성되어 있습니다.

○ 맥체인 성경은 성경 전체를 관통하는 하나님의 생각을 연상하게 훈련시킵니다.

○ 맥체인 성경은 <읽기표>를 통해 규칙적이고 체계적인 성경읽기를 가능하게 합니다.

○ 맥체인 성경의 <읽기표>를 활용하면 1년에 구약은 1독, 신약과 시편은 2독 할 수 있습니다.

○ 맥체인 성경은 말씀의 연관성을 찾아 말씀의 참 의미를 깨닫게 도와줍니다.

▶ 《맥체인성경 365》 말씀연결 사용하는 법

① 네 성경 본문의 소주제를 통해 중심 단어나 문장을 말씀으로 묵상한다.

② 네 본문의 말씀을 순서대로, 친천히 읽는다.

③ 두 본문에서 반복되는 단어나 유사한 문맥을 찾아 서로 연결한다.

④ 본문에서 반대의 뜻을 가진 단어나 문장을 찾는다.

⑤ 두 권의 책에서 공통되는 하나님의 말씀을 연결하여 기록한다.

⑥ 연결되는 말씀을 다른 두 권으로 확대하여 네 권 전체에 흐르는 하나님의 생각과 베푸신 은혜를 누리고, 그 내용을 적어본다.

⑦ 본문에서 지도자나 인도자로부터 배운 신학 주제나 교리들이 함축하고 있는 문맥의 짝을 찾아본다.

⑧ 중심 주제를 필두로, 삶에 적용할 일들을 적어보고 생활 중에 실천함으로써 변화를 경험해 본다.

⑨ 하나님이 오늘 나에게 주신 말씀들을 통하여 가르침, 명령과 약속 권면, 경고 및 행해야 할 일들을 하나님과 대화하는 마음으로(기도) 성경읽기를 마무리한다.

57 일차 / 365 최후 2월 26일

Ⅰ. 맥체인성경의 통독구조<57>

맥체인성경의 바른 통독은 읽는 속도보다 읽는 자세에 있다. 신약과 구약의 각각 두 장을 필사하듯 정리하면서 깊이 묵상하는 자세로 읽어나가면 지혜의 은사를 경험할 수 있는 신비로운 영적 구조이다.

Ⅱ. 핵심구절 읽기

성경본문	출애굽기 9장	누가복음 12장	욥기 27장	고린도전서 13장
통일주제	최후			
개별주제	계속되는 세 가지 재앙을 경험한 바로의 최후	물질과 세상을 쫓아가는 악한 자들의 최후	하나님의 숨결과 온전함을 잃은 악인의 최후	사랑없는 말, 능력, 구제를 행한 자들의 최후
연합내용	**한번 죽는 것은 사람에게 정한 이치다. 그 최후에는 심판이 있다. 그러므로 항상 그리스도 안에서 후회 없는 삶을 살아야 한다.**			
핵심구절	1~4,7~9,11~12 15~19,24,26~28 31~32,34~35	1,5~9,12,15,19~25 30~31,34~36,38 42~44,48~50	1~6,11~12 16~17,22~23	1~8,10~11,13

• 출애굽기 9장 - 계속되는 세 가지 재앙을 경험한 바로의 최후

여호와께서 모세에게 이르시되 바로에게 들어가서 그에게 이르라 히브리 사람의 하나님 여호와께서 말씀하시기를 내 백성을 보내라 그들이 나를 섬길 것이니라...(1~4절)
바로가 사람을 보내어 본즉 이스라엘의 가축은 하나도 죽지 아니하였더라 그러나 바로의 마음이 완강하여 백성을 보내지 아니하니라...(7~9절)
요술사들도 악성 종기로 말미암아 모세 앞에 서지 못하니 악성 종기가 요술사들로부터 애굽 모든 사람에게 생겼음이라 그러나 여호와께서 바로의 마음을 완악하게 하셨으므로 그들의 말을 듣지 아니하였으니 여호와께서 모세에게 말씀하심과 같더라...(11,12절)
내가 손을 펴서 돌림병으로 너와 네 백성을 쳤더라면 네가 세상에서 끊어졌을 것이

나...(15~19절)
우박이 내림과 불덩이가 우박에 섞여 내림이 심히 맹렬하니 나라가 생긴 그 때로부터 애굽 온 땅에는 그와 같은 일이 없었더라(24절)
이스라엘 자손들이 있는 그 곳 고센 땅에는 우박이 없었더라...(26~28절)
그 때에 보리는 이삭이 나왔고 삼은 꽃이 피었으므로 삼과 보리가 상하였으나...(31,32절)
바로가 비와 우박과 우렛소리가 그친 것을 보고 다시 범죄하여 마음을 완악하게 하니 그와 그의 신하가 꼭 같더라...(34,35절)

• 누가복음 12장 - 물질과 세상을 좇아가는 악한 자들의 최후

그 동안에 무리 수만 명이 모여 서로 밟힐 만큼 되었더니 예수께서 먼저 제자들에게 말씀하여 이르시되 바리새인들의 누룩 곧 외식을 주의하라(1절)
마땅히 두려워할 자를 내가 너희에게 보이리니 곧 죽인 후에 또한 지옥에 던져 넣는 권세 있는 그를 두려워하라 내가 참으로 너희에게 이르노니 그를 두려워하라...(5~9절)
마땅히 할 말을 성령이 곧 그 때에 너희에게 가르치시리라 하시니라(12절)
그들에게 이르시되 삼가 모든 탐심을 물리치라 사람의 생명이 그 소유의 넉넉한 데 있지 아니하니라 하시고(15절)
또 내가 내 영혼에게 이르되 영혼아 여러 해 쓸 물건을 많이 쌓아 두었으니 평안히 쉬고 먹고 마시고 즐거워하자 하리라 하되...(19~25절)
이 모든 것은 세상 백성들이 구하는 것이라 너희 아버지께서는 이런 것이 너희에게 있어야 할 것을 아시느니라...(30,31절)
너희 보물 있는 곳에는 너희 마음도 있으리라...(34~36절)
주인이 혹 이경에나 혹 삼경에 이르러서도 종들이 그같이 하고 있는 것을 보면 그 종들은 복이 있으리로다(38절)
주께서 이르시되 지혜 있고 진실한 청지기가 되어 주인에게 그 집 종들을 맡아 때를 따라 양식을 나누어 줄 자가 누구냐...(42~44절)
알지 못하고 맞을 일을 행한 종은 적게 맞으리라 무릇 많이 받은 자에게는 많이 요구할 것이요 많이 맡은 자에게는 많이 달라 할 것이니라...(48~50절)

• 욥기 27장 - 하나님의 숨결과 온전함을 잃은 악인의 최후

욥이 또 풍자하여 이르되...(1~6절)
하나님의 솜씨를 내가 너희에게 가르칠 것이요 전능자에게 있는 것을 내가 숨기지 아니하리라(11,12절)
그가 비록 은을 티끌 같이 쌓고 의복을 진흙 같이 준비할지라도...(16,17절)
하나님은 그를 아끼지 아니하시고 던져 버릴 것이니 그의 손에서 도망치려고 힘쓰리라...(22,23절)

• 고린도전서 13장 - 사랑없는 말, 능력, 구제를 행한 자들의 최후

내가 사람의 방언과 천사의 말을 할지라도 사랑이 없으면 소리 나는 구리와 울리는 꽹과리가 되고...(1~8절)
온전한 것이 올 때에는 부분적으로 하던 것이 폐하리라...(10,11절)
그런즉 믿음, 소망, 사랑, 이 세 가지는 항상 있을 것인데 그 중의 제일은 사랑이라(13절)

Ⅲ. 묵상을 위한 질문

1. 하나님은 바로의 마음이 완강함을 다 아시면서도 재앙을 통해 거듭 메시지와 기회를 주시는 이유는 무엇일까요?

2. 심한 돌림병과 악성 종기와 우박의 시험이 주는 의미는 무엇일까요?

3. 예수님이 말씀하신 참새 다섯 마리, 어리석은 부자, 까마귀와 백합화 등 이 세 가지의 비유는 어떤 공통점을 가지고 있을까요?

4. 예수님이 이 땅에 오신 목적은 무엇일까요?

5. 욥은 자신의 온전함을 어느 때까지 버리지 않겠다고 했나요?

6. 욥은 악인의 마지막이 어떻게 될 것이라고 말했나요?

7. 바울이 말한 사랑의 특징은 무엇일까요?

8. 바울이 믿음, 소망, 사랑 중에서 제일은 사랑이라고 말한 뜻은 무엇일까요?

IV. 기도

1. 우리의 마음이 완강하지 않게 하시고 하나님 앞에서 겸손하게 하옵소서.
2. 우리가 하나님 앞에서 귀한 존재임을 믿고 염려하지 않게 하옵소서.
3. 우리의 마음이 예수님의 사랑으로 가득 차게 하옵소서.

• 하나님 마음 알아가기 • MEMO • 나(우리)에게 주시는 말씀 •

58 일차 / 365 차이 2월 27일

Ⅰ. 맥체인성경의 통독구조<58>

성경을 읽을 때 비행기를 타고 지나가듯 읽을 수 있으며 기차를 타고 지나가듯 읽을 수도 있다. 또한 자건거나 걸어가면서 가까이 보듯 읽을 수도 있다. 맥체인성경은 입체적이며 전체대강의 줄거리를 보고 묵상하는 구조다.

Ⅱ. 핵심구절 읽기

성경본문	출애굽기 10장	누가복음 13장	욥기 28장	고린도전서 14장
통일주제	차이			
개별주제	하나님이 다스리시는 대상에 대한 은혜의 차이	생활 속의 사건에 대한 관점과 이해의 차이	하나님과 자연법칙에 대해 깨닫는 지혜의 차이	교회에 덕을 세우기 위해 사용하는 은사의 차이
연합내용	**인간과 사건, 하나님과 자연법칙, 은사와 상식을 이해하는 데에는 사람마다 차이가 있다. 차이는 경우에 따라 옳고 그름이 될 수도 있고 다양성이 될 수도 있다. 중요한 것은 차이가 구원을 훼방할 때이다.**			
핵심구절	1~2,4~5,7,9 11~12,15~17 21~26,28	1~4,7~13,16~19 23~24,26~27 29~30,32,34	3~4,9~13,20 23~26,28	1~4,6,9,12,15 18~20,22~26 31~33,39~40

• 출애굽기 10장 - 하나님이 다스리시는 대상에 대한 은혜의 차이

여호와께서 모세에게 이르시되 바로에게로 들어가라 내가 그의 마음과 그의 신하들의 마음을 완강하게 함은 나의 표징을 그들 중에 보이기 위함이며...(1,2절)

네가 만일 내 백성 보내기를 거절하면 내일 내가 메뚜기를 네 경내에 들어가게 하리니...(4,5절)

바로의 신하들이 그에게 말하되 어느 때까지 이 사람이 우리의 함정이 되리이까 그 사람들을 보내어 그들의 하나님 여호와를 섬기게 하소서 왕은 아직도 애굽이 망한 줄을 알지 못하시나이까 하고(7절)

모세가 이르되 우리가 여호와 앞에 절기를 지킬 것인즉 우리가 남녀 노소와 양과 소를 데리고 가겠나이다(9절)

그렇게 하지 말고 너희 장정만 가서 여호와를 섬기라 이것이 너희가 구하는 바니라 이에 그들이 바로 앞에서 쫓겨나니라...(11,12절)

메뚜기가 온 땅을 덮어 땅이 어둡게 되었으며 메뚜기가 우박에 상하지 아니한 밭의 채소와 나무 열매를 다 먹었으므로 애굽 온 땅에서 나무나 밭의 채소나 푸른 것은 남지 아니하였더라...(15~17절)

여호와께서 모세에게 이르시되 하늘을 향하여 네 손을 내밀어 애굽 땅 위에 흑암이 있게 하라 곧 더듬을 만한 흑암이리라...(21~26절)

바로가 모세에게 이르되 너는 나를 떠나가고 스스로 삼가 다시 내 얼굴을 보지 말라 네가 내 얼굴을 보는 날에는 죽으리라(28절)

• 누가복음 13장 - 생활 속의 사건에 대한 관점과 이해의 차이

그 때 마침 두어 사람이 와서 빌라도가 어떤 갈릴리 사람들의 피를 그들의 제물에 섞은 일로 예수께 아뢰니...(1~4절)

포도원지기에게 이르되 내가 삼 년을 와서 이 무화과나무에서 열매를 구하되 얻지 못하니 찍어버리라 어찌 땅만 버리게 하겠느냐...(7~13절)

그러면 열여덟 해 동안 사탄에게 매인 바 된 이 아브라함의 딸을 안식일에 이 매임에서 푸는 것이 합당하지 아니하냐...(16~19절)

어떤 사람이 여짜오되 주여 구원을 받는 자가 적으니이까 그들에게 이르시되...(23,24절)

그 때에 너희가 말하되 우리는 주 앞에서 먹고 마셨으며 주는 또한 우리의 길거리에서 가르치셨나이다 하나...(26,27절)

사람들이 동서남북으로부터 와서 하나님의 나라 잔치에 참여하리니...(29,30절)

이르시되 너희는 가서 저 여우에게 이르되 오늘과 내일은 내가 귀신을 쫓아내며 병을 고치다가 제삼일에는 완전하여지리라 하라(32절)

예루살렘아 예루살렘아 선지자들을 죽이고 네게 파송된 자들을 돌로 치는 자여 암탉이 제 새끼를 날개 아래에 모음 같이 내가 너희의 자녀를 모으려 한 일이 몇 번이냐 그러나 너희가 원하지 아니하였도다(34절)

• 욥기 28장 - 하나님과 자연법칙에 대해 깨닫는 지혜의 차이

사람은 어둠을 뚫고 모든 것을 끝까지 탐지하여 어둠과 죽음의 그늘에 있는 광석도 탐지하되...(3,4절)
사람이 굳은 바위에 손을 대고 산을 뿌리까지 뒤엎으며...(9~13절)
그런즉 지혜는 어디서 오며 명철이 머무는 곳은 어디인고(20절)
하나님이 그 길을 아시며 있는 곳을 아시나니...(23~26절)
또 사람에게 말씀하셨도다 보라 주를 경외함이 지혜요 악을 떠남이 명철이니라(28절)

• 고린도전서 14장 - 교회에 덕을 세우기 위해 사용하는 은사의 차이

사랑을 추구하며 신령한 것들을 사모하되 특별히 예언을 하려고 하라...(1~4절)
그런즉 형제들아 내가 너희에게 나아가서 방언으로 말하고 계시나 지식이나 예언이나 가르치는 것으로 말하지 아니하면 너희에게 무엇이 유익하리요(6절)
이와 같이 너희도 혀로써 알아 듣기 쉬운 말을 하지 아니하면 그 말하는 것을 어찌 알리요 이는 허공에다 말하는 것이라(9절)
그러므로 너희도 영적인 것을 사모하는 자인즉 교회의 덕을 세우기 위하여 그것이 풍성하기를 구하라(12절)
그러면 어떻게 할까 내가 영으로 기도하고 또 마음으로 기도하며 내가 영으로 찬송하고 또 마음으로 찬송하리라(15절)
내가 너희 모든 사람보다 방언을 더 말하므로 하나님께 감사하노라...(18~20절)
그러므로 방언은 믿는 자들을 위하지 아니하고 믿지 아니하는 자들을 위하는 표적이나 예언은 믿지 아니하는 자들을 위하지 않고 믿는 자들을 위함이니라...(22~26절)
너희는 다 모든 사람으로 배우게 하고 모든 사람으로 권면을 받게 하기 위하여 하나씩 하나씩 예언할 수 있느니라...(31~33절)
그런즉 내 형제들아 예언하기를 사모하며 방언 말하기를 금하지 말라...(39,40절)

Ⅲ. 묵상을 위한 질문

1. 바로가 이스라엘 자손을 내보낼 조건이 조금씩 바뀐 것은 무엇 때문일까요?

2. 메뚜기와 흑암재앙이 애굽 땅에만 있고 고센 땅에는 없는 이유가 무엇일까요?

3. 예수님은 열매 없음과 외식을 책망하셨는데 무엇과 연관이 있기 때문일까요?

4. 예수님이 말씀하신 좁은 문과 하나님의 나라는 서로 어떤 연관이 있을까요?

5. 욥은 사람의 능력을 어떻게 서술하였나요?

6. 욥은 왜 지혜와 명철을 하나님에게서만 찾을 수 있다고 했나요?

7. 바울은 교회에서 은사를 사용함에 있어 무엇을 가장 중요한 점으로 보았나요?

8. 바울은 교회에서 방언의 은사와 예언의 은사를 어떻게 사용하라고 했나요?

Ⅳ. 기도

1. 하나님의 사랑과 은혜 속에서 구별된 삶을 영위하도록 인도하여 주옵소서.
2. 예수님의 가치관과 교훈을 배우고 실천하여 불쌍한 영혼을 살리게 하옵소서.
3. 우리 각 성도에게 은사를 주사 맡겨주신 교회를 온전히 세워가게 하옵소서.

• 하나님 마음 알아가기 • MEMO • 나(우리)에게 주시는 말씀 •

59 일차 / 365 생명 2월 28일

Ⅰ. 맥체인성경의 통독구조<59>

신구약 4장을 읽을 때 특별히 교훈을 찾기 어려운 분문을 만나면 다른 본문을 통해 충분한 교훈을 얻을 수 있는 구조다. 예를 들어 구약에 족보만 나오는 장이 있을 때 신약은 족보와 연관된 풍성한 다른 내용이 펼쳐짐으로 충분한 교훈을 얻게 된다.

Ⅱ. 핵심구절 읽기

성경본문	출애굽기 11~12장(상)	누가복음 14장	욥기 29장	고린도전서 15장
통일주제	생명			
개별주제	장자진멸 재앙 속에서 건진 이스라엘의 생명	자기 십자가를 지고 따르는 제자들의 새 생명	역경 속에서 신앙으로 이겨낸 욥의 참 생명	죽음을 통해 새롭게 얻게 되는 부활의 생명
연합내용	**생명은 소중한 것이다. 그렇지만 이 땅의 생명은 유한하다. 그러므로 주 안에서 주어진 참된 새 생명을 얻어야 한다.**			
핵심구절	11:1~2,5~7,9 12:2~3,5~12,15 19	3,5,10~11 13~14,16~20,23 26~28,31,33	1~7,11~18 22~23	2~4,10,12~20,27 29~32,36~38 42~49,51~52,58

• 출애굽기 11~12장(상) - 장자진멸 재앙 속에서 건진 이스라엘의 생명

여호와께서 모세에게 이르시기를 내가 이제 한 가지 재앙을 바로와 애굽에 내린 후에야 그가 너희를 여기서 내보내리라 그가 너희를 내보낼 때에는 여기서 반드시 다 쫓아내리니...(11:1,2)

애굽 땅에 있는 모든 처음 난 것은 왕위에 앉아 있는 바로의 장자로부터 맷돌 뒤에 있는 몸종의 장자와 모든 가축의 처음 난 것까지 죽으리니...(11:5~7)

여호와께서 모세에게 이르시기를 바로가 너희의 말을 듣지 아니하리라 그러므로 내가 애굽 땅에서 나의 기적을 더하리라 하셨고(11:9)

이 달을 너희에게 달의 시작 곧 해의 첫 달이 되게 하고...(12:2,3)

너희 어린 양은 흠 없고 일 년 된 수컷으로 하되 양이나 염소 중에서 취하고...(12:5~12)

너희는 이레 동안 무교병을 먹을지니 그 첫날에 누룩을 너희 집에서 제하라 무릇 첫날부터 일곱째 날까지 유교병을 먹는 자는 이스라엘에서 끊어지리라...(12:15~19)

• 누가복음 14장 - 자기 십자가를 지고 따른 제자들의 새 생명

예수께서 대답하여 율법교사들과 바리새인들에게 이르시되 안식일에 병 고쳐 주는 것이 합당하냐 아니하냐(3절)
또 그들에게 이르시되 너희 중에 누가 그 아들이나 소가 우물에 빠졌으면 안식일에라도 곧 끌어내지 않겠느냐 하시니(5절)
청함을 받았을 때에 차라리 가서 끝자리에 앉으라 그러면 너를 청한 자가 와서 너더러 벗이여 올라 앉으라 하리니 그 때에야 함께 앉은 모든 사람 앞에서 영광이 있으리라...(10,11절)
잔치를 베풀거든 차라리 가난한 자들과 몸 불편한 자들과 저는 자들과 맹인들을 청하라...(13,14절)
이르시되 어떤 사람이 큰 잔치를 베풀고 많은 사람을 청하였더니...(16~20절)
주인이 종에게 이르되 길과 산울타리 가로 나가서 사람을 강권하여 데려다가 내 집을 채우라(23절)
무릇 내게 오는 자가 자기 부모와 처자와 형제와 자매와 더욱이 자기 목숨까지 미워하지 아니하면 능히 내 제자가 되지 못하고...(26~28절)
또 어떤 임금이 다른 임금과 싸우러 갈 때에 먼저 앉아 일만 명으로써 저 이만 명을 거느리고 오는 자를 대적할 수 있을까 헤아리지 아니하겠느냐(31절)
이와 같이 너희 중의 누구든지 자기의 모든 소유를 버리지 아니하면 능히 내 제자가 되지 못하리라(33절)

• 욥기 29장 - 역경속에서 신앙으로 이겨낸 욥의 참생명

욥이 풍자하여 이르되...(1~7절)
귀가 들은즉 나를 축복하고 눈이 본즉 나를 증언하였나니...(11~18절)
내가 말한 후에는 그들이 말을 거듭하지 못하였나니 나의 말이 그들에게 스며들었음이라...(22,23절)

너희가 만일 내가 전한 그 말을 굳게 지키고 헛되이 믿지 아니하였으면 그로 말미암아 구원을 받으리라...(2~4절)

그러나 내가 나 된 것은 하나님의 은혜로 된 것이니 내게 주신 그의 은혜가 헛되지 아니하여 내가 모든 사도보다 더 많이 수고하였으나 내가 한 것이 아니요 오직 나와 함께 하신 하나님의 은혜로라(10절)

그리스도께서 죽은 자 가운데서 다시 살아나셨다 전파되었거늘 너희 중에서 어떤 사람들은 어찌하여 죽은 자 가운데서 부활이 없다 하느냐...(12~20절)

만물을 그의 발 아래에 두셨다 하셨으니 만물을 아래에 둔다 말씀하실 때에 만물을 그의 아래에 두신 이가 그 중에 들지 아니한 것이 분명하도다(27절)

만일 죽은 자들이 도무지 다시 살아나지 못하면 죽은 자들을 위하여 세례를 받는 자들이 무엇을 하겠느냐 어찌하여 그들을 위하여 세례를 받느냐...(29~32절)

어리석은 자여 네가 뿌리는 씨가 죽지 않으면 살아나지 못하겠고...(36~38절)

죽은 자의 부활도 그와 같으니 썩을 것으로 심고 썩지 아니할 것으로 다시 살아나며(42~29절)

보라 내가 너희에게 비밀을 말하노니 우리가 다 잠 잘 것이 아니요 마지막 나팔에 순식간에 홀연히 다 변화되리니...(51,52절)

그러므로 내 사랑하는 형제들아 견실하며 흔들리지 말고 항상 주의 일에 더욱 힘쓰는 자들이 되라 이는 너희 수고가 주 안에서 헛되지 않은 줄 앎이라(58절)

Ⅲ. 묵상을 위한 질문

1. 여호와 하나님은 장자진멸재앙을 통해 어떤 일을 하시려고 했나요?(7,12)

2. 흠없고 일년된 숫양의 피를 집 좌우 문설주와 인방에 바른 이유는 무엇일까요?(13)

3. 잔치에 청함을 받은 자가 상석에 앉는 것과 사양하는 것은 어떤 공통점이 있나요?(8,18)

4. 예수님은 어떻게 해야 참된 제자가 될 수 있다고 말씀하셨나요?(26,27,33)

5. 욥이 과거를 회상하면서 가장 원했던 것은 무엇이었나요?(2,4)

6. 욥은 자신이 과거에 어떤 인간관계와 사회생활을 했었다고 고백했나요?(12~17)

7. 예수 그리스도는 부활하신 후 누구에게 나타나셨나요?(5~8)

8. 바울은 죽은 자의 부활을 어떻게 설명하였으며 또 부활 후의 모습에 대해서는 어떻게 말씀하고 있나요?(15~16,38,42~44)

Ⅳ. 기도

1. 주님의 말씀에 순종하여 생명을 얻는 참 성도가 되게 하옵소서.
2. 주님의 참 제자가 되기 위하여 주어진 계명을 따르게 하옵소서.
3. 부활의 신앙을 갖고 복음을 담대히 전하는 참 전도자가 되게 하옵소서.

• 하나님 마음 알아가기 • MEMO • 나(우리)에게 주시는 말씀 •

60 일차 / 365 구원 3월 1일

I. 맥체인성경의 통독구조<60>

성경을 내용 중심뿐만이 아니라 적용 중심으로 보게 하는 구조다. 일반적으로 적용은 한 본문일 경우 단면적 교훈을 찾게 된다. 하지만 4장의 본문을 읽는 것이기 때문에 현실상황에 맞는 응용적 교훈을 찾아서 적용할 수 있도록 도와준다.

II. 핵심구절 읽기

성경본문	출애굽기 12장(후)	누가복음 15장	욥기 30장	고린도전서 16장
통일주제	구원			
개별주제	430년의 종살이로부터 건져 주시는 구원	세리와 죄인들과 탕자를 용서하시는 구원	욥을 모든 것으로부터 버림받게 하신 후 정한 때에 구원	연보를 통해 바울과 다른 교회를 세워가는 구원
연합내용	**성경의 역사는, 욕심 있는 자들에 의해 멸망의 구렁텅이로 빠진 영혼들을 하나님이 예수와 참된 제자들을 통해 구원해 가시는 활동사이다.**			
핵심구절	22~23,26~27,30 33~38,41~42 48~49	1~4,7~8,11~14 17~24,27~29 31~32	1~4,8~13,15~17 20,23~25,30~31	1~4,8~10,13~17 22

• 출애굽기 12장(후) - 430년의 종살이로부터 건져 주시는 구원

우슬초 묶음을 가져다가 그릇에 담은 피에 적셔서 그 피를 문 인방과 좌우 설주에 뿌리고 아침까지 한 사람도 자기 집 문 밖에 나가지 말라...(22,23절)

이 후에 너희의 자녀가 묻기를 이 예식이 무슨 뜻이냐 하거든...(26,27절)

그 밤에 바로와 그 모든 신하와 모든 애굽 사람이 일어나고 애굽에 큰 부르짖음이 있었으니 이는 그 나라에 죽임을 당하지 아니한 집이 하나도 없었음이었더라(30절)

애굽 사람들은 말하기를 우리가 다 죽은 자가 되도다 하고 그 백성을 재촉하여 그 땅에서 속히 내보내려 하므로...(33~38절)

사백삼십 년이 끝나는 그 날에 여호와의 군대가 다 애굽 땅에서 나왔은즉...(41,42절)

너희와 함께 거류하는 타국인이 여호와의 유월절을 지키고자 하거든 그 모든 남자는 할례를 받은 후에야 가까이 하여 지킬지니 곧 그는 본토인과 같이 될 것이나 할례 받지 못한 자는 먹지 못할 것이니라...(48,49절)

• 누가복음 15장 - 세리와 죄인들과 탕자를 용서하시는 구원

모든 세리와 죄인들이 말씀을 들으러 가까이 나아오니...(1~4절)
내가 너희에게 이르노니 이와 같이 죄인 한 사람이 회개하면 하늘에서는 회개할 것 없는 의인 아흔아홉으로 말미암아 기뻐하는 것보다 더하리라...(7,8절)
또 이르시되 어떤 사람에게 두 아들이 있는데...(11~14절)
이에 스스로 돌이켜 이르되 내 아버지에게는 양식이 풍족한 품꾼이 얼마나 많은가 나는 여기서 주려 죽는구나...(17~24절)
대답하되 당신의 동생이 돌아왔으매 당신의 아버지가 건강한 그를 다시 맞아들이게 됨으로 인하여 살진 송아지를 잡았나이다 하니...(27~29절)
아버지가 이르되 얘 너는 항상 나와 함께 있으니 내 것이 다 네 것이로되...(31,32절)

• 욥기 30장 - 욥을 모든 것으로부터 버림받게 하신 후 정한 때에 구원

그러나 이제는 나보다 젊은 자들이 나를 비웃는구나 그들의 아비들은 내가 보기에 내 양 떼를 지키는 개 중에도 둘 만하지 못한 자들이니라...(1~4절)
그들은 본래 미련한 자의 자식이요 이름 없는 자들의 자식으로서 고토에서 쫓겨난 자들이니라...(8~13절)
순식간에 공포가 나를 에워싸고 그들이 내 품위를 바람 같이 날려 버리니 나의 구원은 구름 같이 지나가 버렸구나...(15~17절)
내가 주께 부르짖으나 주께서 대답하지 아니하시오며 내가 섰사오나 주께서 나를 돌아보지 아니하시나이다(20절)
내가 아나이다 주께서 나를 죽게 하사 모든 생물을 위하여 정한 집으로 돌려보내시리이다...(23~25절)
나를 덮고 있는 피부는 검어졌고 내 뼈는 열기로 말미암아 탔구나...(30,31절)

• 고린도전서 16장 - 연보를 통해 바울과 다른 교회를 세워가는 구원

성도를 위하는 연보에 관하여는 내가 갈라디아 교회들에게 명한 것 같이 너희도 그렇게 하라...(1~4절)
내가 오순절까지 에베소에 머물려 함은...(8~10절)
깨어 믿음에 굳게 서서 남자답게 강건하라...(13~17절)
만일 누구든지 주를 사랑하지 아니하면 저주를 받을지어다 우리 주여 오시옵소서(22절)

Ⅲ. 묵상을 위한 질문

1. 하나님께서 이스라엘 자손에게 유월절 예식을 꼭 지키라고 명령하신 이유는 무엇일까요?(27,40)

2. 유월절 규례를 지킬 때 떡과 고기는 어떻게 먹어야 하며 그 이유는 무엇일까요?(39,46,출12:8~11참고)

3. 예수님의 비유 중 어떤 주인에게 있어서 잃은 양 하나의 가치는 얼마나 될까요?(6)

4. 예수님의 비유 중 허랑방탕하고 돌아온 탕자 동생에게 행한 아버지의 처사를 보고 형 맏아들은 왜 화를 냈나요?(29~30)

5. 친구들을 향하여 거친 평가를 쏟아낸 욥은 하나님 앞에서 합당할까요?(1,8)

6. 욥은 혼자 독백하듯 어떤 심적인 절규를 하나님께 올렸나요?(24~25)

7. 바울은 고린도교회 성도들에게 연보(헌금)를 어떻게 하라고 했나요?(2,17)

8. 바울은 마지막으로 고린도교회 성도들에게 어떤 권면을 하고 있나요?(13,22)

Ⅳ. 기도

1. 매주 첫날 주일을 소중히 지키는 참 그리스도인이 되게 하옵소서.
2. 한 영혼을 구원하기 위해 사랑과 정성을 다하는 바른 제자가 되게 하옵소서.

• 하나님 마음 알아가기 • MEMO • 나(우리)에게 주시는 말씀 •

61 일차 / 365 대가 3월 2일

I. 맥체인성경의 통독구조<61>

맥체인성경 통독은 새벽에 60~70절 정도의 핵심요절을 읽고 하루 중 정해 놓은 시간에 4장 전체를 정독하면서 묵상문제를 풀므로 영적인 만나를 먹는 구조이다.

II. 핵심구절 읽기

성경본문	출애굽기 13장	누가복음 16장	욥기 31장	고린도후서 1장
통일주제	대가			
개별주제	구원받은 이스라엘 자손이 지불해야할 대가	청지기나 부자가 구원받기 위해 지불해야할 대가	욥이 바른 신앙을 지키기 위해 지불한 대가	성도를 위해 사도와 제자가 지불해야할 대가
연합내용	**믿음으로 구원을 얻는 자는 반드시 그 구원을 완성하기 위해 행함 즉 생활이 뒷받침되어야 한다. 그것은 의무가 아니라 구원받은 자의 권리요 영적 정체성의 합당한 표현이다.**			
핵심구절	2,5~6,9~10,12 14~15,17,21~22	1~10,13~15 19~26,31	1~2,4~6,13~17 19~25,28~30,35	3~6,8~9,12,14 16~17,19~20,22

• 출애굽기 13장 - 구원받은 이스라엘 자손이 지불해야할 대가

이스라엘 자손 중에서 사람이나 짐승을 막론하고 태에서 처음 난 모든 것은 다 거룩히 구별하여 내게 돌리라 이는 내 것이니라 하시니라(2절)
여호와께서 너를 인도하여 가나안 사람과 헷 사람과 아모리 사람과 히위 사람과 여부스 사람의 땅 곧 네게 주시려고 네 조상들에게 맹세하신 바 젖과 꿀이 흐르는 땅에 이르게 하시거든 너는 이 달에 이 예식을 지켜...(5,6절)
이것으로 네 손의 기호와 네 미간의 표를 삼고 여호와의 율법이 네 입에 있게 하라 이는 여호와께서 강하신 손으로 너를 애굽에서 인도하여 내셨음이니...(9,10절)
너는 태에서 처음 난 모든 것과 네게 있는 가축의 태에서 처음 난 것을 다 구별하여 여호와께 돌리라 수컷은 여호와의 것이니라(12절)
후일에 네 아들이 네게 묻기를 이것이 어찌 됨이냐 하거든 너는 그에게 이르기를 여

호와께서 그 손의 권능으로 우리를 애굽에서 곧 종이 되었던 집에서 인도하여 내실 새...(14,15절)

바로가 백성을 보낸 후에 블레셋 사람의 땅의 길은 가까울지라도 하나님이 그들을 그 길로 인도하지 아니하셨으니 이는 하나님이 말씀하시기를 이 백성이 전쟁을 하게 되면 마음을 돌이켜 애굽으로 돌아갈까 하셨음이라(17절)

여호와께서 그들 앞에서 가시며 낮에는 구름 기둥으로 그들의 길을 인도하시고 밤에는 불 기둥을 그들에게 비추사 낮이나 밤이나 진행하게 하시니...(21,22절)

• 누가복음 16장 - 청지기나 부자가 구원받기 위해 지불해야할 대가

또한 제자들에게 이르시되 어떤 부자에게 청지기가 있는데 그가 주인의 소유를 낭비한다는 말이 그 주인에게 들린지라...(1~10절)

집 하인이 두 주인을 섬길 수 없나니 혹 이를 미워하고 저를 사랑하거나 혹 이를 중히 여기고 저를 경히 여길 것임이니라 너희는 하나님과 재물을 겸하여 섬길 수 없느니라...(13~15절)

한 부자가 있어 자색 옷과 고운 베옷을 입고 날마다 호화롭게 즐기더라...(19~26절)

이르되 모세와 선지자들에게 듣지 아니하면 비록 죽은 자 가운데서 살아나는 자가 있을지라도 권함을 받지 아니하리라 하였다 하시니라(31절)

• 욥기 31장 - 욥이 바른 신앙을 지키기 위해 지불한 대가

내가 내 눈과 약속하였나니 어찌 처녀에게 주목하랴...(1,2절)

그가 내 길을 살피지 아니하시느냐 내 걸음을 다 세지 아니하시느냐...(4~6절)

만일 남종이나 여종이 나와 더불어 쟁론할 때에 내가 그의 권리를 저버렸다면...(13~17절)

만일 내가 사람이 의복이 없이 죽어가는 것이나 가난한 자가 덮을 것이 없는 것을 못 본 체 했다면...(19~25절)

그것도 재판에 회부할 죄악이니 내가 그리하였으면 위에 계신 하나님을 속이는 것이리라...(28~30절)

누구든지 나의 변명을 들어다오 나의 서명이 여기 있으니 전능자가 내게 대답하시기를 바라노라 나를 고발하는 자가 있다면 그에게 고소장을 쓰게 하라(35절)

찬송하리로다 그는 우리 주 예수 그리스도의 하나님이시요 자비의 아버지시요 모든 위로의 하나님이시며...(3~6절)
형제들아 우리가 아시아에서 당한 환난을 너희가 모르기를 원하지 아니하노니 힘에 겹도록 심한 고난을 당하여 살 소망까지 끊어지고...(8,9절)
우리가 세상에서 특별히 너희에 대하여 하나님의 거룩함과 진실함으로 행하되 육체의 지혜로 하지 아니하고 하나님의 은혜로 행함은 우리 양심이 증언하는 바니 이것이 우리의 자랑이라(12절)
너희가 우리를 부분적으로 알았으나 우리 주 예수의 날에는 너희가 우리의 자랑이 되고 우리가 너희의 자랑이 되는 그것이라(14절)
너희를 지나 마게도냐로 갔다가 다시 마게도냐에서 너희에게 가서 너희의 도움으로 유대로 가기를 계획하였으니...(16,17절)
우리 곧 나와 실루아노와 디모데로 말미암아 너희 가운데 전파된 하나님의 아들 예수 그리스도는 예 하고 아니라 함이 되지 아니하셨으니 그에게는 예만 되었느니라...(19,20절)
그가 또한 우리에게 인치시고 보증으로 우리 마음에 성령을 주셨느니라(22절)

Ⅲ. 묵상을 위한 질문

1. 하나님은 이스라엘 자손이 무슨 사건을 잊어 버릴까봐 걱정하셨나요?(14,16)

2. 하나님께서 이스라엘 백성을 구름기둥과 불기둥으로 인도하셨다는 것은 무엇을 뜻하는 것일까요?(21~22)

3. 예수님은 옳지 않은 청지기 비유를 통해 제자들에게 무엇을 가르쳐 주셨나요?(9,11)

4. 예수님은 누구의 마음을 염두에 두고 부자와 나사로 이야기를 하셨을까요?(14)

5. 욥이 보여 준 올바른 신앙의 뿌리는 무엇일까요?(14,23)

6. 욥이 보여 준 올바른 신앙의 열매는 무엇일까요?(5,9,13,16,19,24,29,32)

7. 바울은 고린도교회 성도들이 위로와 구원을 받도록 하기 위해 어떤 대가를 지불했나요?(6)

8. 바울은 자신이 전한 예수는 예(옳음)만 되셨다고 하면서, 성도들도 늘 무엇을 하여 하나님께 영광을 돌리라고 가르쳤나요?(19~20)

Ⅳ. 기도

1. 주여! 우리로 하여금 값없이 받은 구원을 찬송하며 바른 삶을 살게 하옵소서.
2. 주여! 신비한 체험을 통해서 보다 오직 말씀으로 견고한 신앙을 갖게 하옵소서.
3. 주여! 가족이나 이웃들을 구원하기 위해 합당한 대가를 지불하게 하옵소서.

• 하나님 마음 알아가기 • MEMO • 나(우리)에게 주시는 말씀 •

62 일차 / 365 동역 3월 3일

I. 맥체인성경의 통독구조<62>

성경을 통독하는 이유는 먼저 내용을 알기 위함이다. 하지만 좀 더 나아가 묵상을 하고 그 내용을 삶에 적용하기 위함이다. 이를 위하여 다양한 사건의 본문을 대하는 것은 통독자에게 매우 유익하다. 이런 유익함을 제공하는 구조를 맥체인성경은 가지고 있다.

II. 핵심구절 읽기

성경본문	출애굽기 14장	누가복음 17장	욥기 32장	고린도후서 2장
통일주제	동역			
개별주제	하나님은 이스라엘을 구원하기 위해 모세와 동역	용서와 믿음과 감사가 있는 자들과 동역	하나님이 욥과 세 벗을 향해 젊은 엘리후와 동역	근심케 하는 자를 용서하고 사랑으로 동역
연합내용	**하나님은 항상 세상을 향해 일하신다. 그 때마다 일꾼을 찾으신다. 그 일꾼이 온전하든 부족하든, 지혜롭든 연약하든, 노년이든 소년이든 그 그릇에 따라 그 때에 사용하심으로 구속사를 이루어 가신다.**			
핵심구절	3~7,10~16 19~21,24~27,31	1~10,16~21 26~29,33	1~3,7~9,12~15 18~22	3~5,7~8,10 14~16

• 출애굽기 14장 - 하나님은 이스라엘을 구원하기 위해 모세와 동역

바로가 이스라엘 자손에 대하여 말하기를 그들이 그 땅에서 멀리 떠나 광야에 갇힌 바 되었다 하리라...(3~7절)

바로가 가까이 올 때에 이스라엘 자손이 눈을 들어 본즉 애굽 사람들이 자기들 뒤에 이른지라 이스라엘 자손이 심히 두려워하여 여호와께 부르짖고...(10~16절)

이스라엘 진 앞에 가던 하나님의 사자가 그들의 뒤로 옮겨 가매 구름 기둥도 앞에서 그 뒤로 옮겨...(19~21절)

새벽에 여호와께서 불과 구름 기둥 가운데서 애굽 군대를 보시고 애굽 군대를 어지럽게 하시며...(24~27절)

이스라엘이 여호와께서 애굽 사람들에게 행하신 그 큰 능력을 보았으므로 백성이 여호와를 경외하며 여호와와 그의 종 모세를 믿었더라(31절)

• 누가복음 17장 - 용서와 믿음과 감사가 있는 자들과 동역

예수께서 제자들에게 이르시되 실족하게 하는 것이 없을 수는 없으나 그렇게 하게 하는 자에게는 화로다...(1~10절)
예수의 발 아래에 엎드리어 감사하니 그는 사마리아 사람이라...(16~21절)
노아의 때에 된 것과 같이 인자의 때에도 그러하리라...(26~29절)
무릇 자기 목숨을 보전하고자 하는 자는 잃을 것이요 잃는 자는 살리리라(33절)

• 욥기 32장 - 하나님이 욥과 세 벗을 향해 젊은 엘리후와 동역

욥이 자신을 의인으로 여기므로 그 세 사람이 말을 그치니...(1~3절)
내가 말하기를 나이가 많은 자가 말할 것이요 연륜이 많은 자가 지혜를 가르칠 것이라 하였노라...(7~9절)
내가 자세히 들은즉 당신들 가운데 욥을 꺾어 그의 말에 대답하는 자가 없도다...(12~15절)
내 속에는 말이 가득하니 내 영이 나를 압박함이니라...(18~22절)

• 고린도후서 2장 - 근심케 하는 자를 용서하고 사랑으로 동역

내가 이같이 쓴 것은 내가 갈 때에 마땅히 나를 기쁘게 할 자로부터 도리어 근심을 얻을까 염려함이요 또 너희 모두에 대한 나의 기쁨이 너희 모두의 기쁨인 줄 확신함이로라...(3~5절)
그런즉 너희는 차라리 그를 용서하고 위로할 것이니 그가 너무 많은 근심에 잠길까 두려워하노라...(7~8절)
너희가 무슨 일에든지 누구를 용서하면 나도 그리하고 내가 만일 용서한 일이 있으면 용서한 그것은 너희를 위하여 그리스도 앞에서 한 것이니(10절)
항상 우리를 그리스도 안에서 이기게 하시고 우리로 말미암아 각처에서 그리스도를 아는 냄새를 나타내시는 하나님께 감사하노라...(14~16절)

Ⅲ. 묵상을 위한 질문

1. 하나님은 바로와 같이 마음이 완악하고 교만한 자를 어떻게 다스리셨나요?(4,28)

2. 하나님은 이스라엘 백성을 홍해로부터 구원하기 위해 어떤 방법을 사용하셨나요?(19,21)

3. 예수님은 제자들에게 앞으로 자신과 제자들 서로 간에 함께 사역하기 위하여 어떤 기본적인 자세를 가져야 한다고 가르치셨나요?(3,10,30)

4. 어려울 때 은혜를 구한 자가 은혜를 입으면 반드시 무엇을 해야 할까요?(15)

5. 엘리후는 욥과 세 친구에 대해 평을 한 후 화를 낸 이유가 무엇일까요?(2~3)

6. 엘리후가 가지고 있는 신앙관은 무엇일까요?(8,18)

7. 바울이 고린도교회에 나갈 때 결심했던 내용은 무엇일까요?(1)

8. 바울은 주의 일을 하는 자신과 동역자들이 사람들에게 무엇이 된다고 말했나요?(15~16)

Ⅳ. 기도

1. 우리가 하나님과 함께 일하는 자로서 순종과 겸손의 자세를 갖게 하옵소서.
2. 우리가 기도 할 때나 기도 응답을 받았을 때 절대 감사를 잊지 않게 하옵소서.
3. 주여! 우리로 하여금 모든 사람들에게 그리스도의 향기가 되게 하옵소서.

63 일차 / 365 찬양 3월 4일

Ⅰ. 맥체인성경의 통독구조<63>

전혀 다른 역사 속에서 믿는 자에게 발생했던 많은 문제들을 현재라는 시점에서 종합하여 묵상하고 현재의 문제를 창조적으로 해결해 가도록 돕는 구조이다.

Ⅱ. 핵심구절 읽기

성경본문	출애굽기 15장	누가복음 18장	욥기 33장	고린도후서 3장
통일주제	찬양			
개별주제	하나님의 구원하심에 대한 모세와 미리암의 찬양	예수님의 사랑에 대한 과부와 아이와 맹인의 찬양	범죄한 자가 은혜를 입어 치유된 후 반성하며 찬양	그리스도의 편지와 함께 큰 영광에 참여하는 바울의 찬양
연합내용	**은혜를 입은 자는 하나님을 찬양하지 않을 수가 없다. 그 찬양은 표면적일 수도 있고 내면적일 수도 있다. 더 나아가 지속적으로 찬양하는 자는 미래에도 구원하시는 하나님의 충성된 일꾼일 수 밖에 없다.**			
핵심구절	1~3,6~7,11~13 16~20,23~26	1~3,7~14,16,18 22~25,27,32~33 38~43	4~7,12~14 16~19,23~30	2~3,6~9,17~18

• 출애굽기 15장 - 하나님의 구원하심에 대한 모세와 미리암의 찬양

이 때에 모세와 이스라엘 자손이 이 노래로 여호와께 노래하니 일렀으되 내가 여호와를 찬송하리니 그는 높고 영화로우심이요 말과 그 탄 자를 바다에 던지셨음이로다...(1~3절)

여호와여 주의 오른손이 권능으로 영광을 나타내시니이다 여호와여 주의 오른손이 원수를 부수시니이다...(6,7절)

여호와여 신 중에 주와 같은 자가 누구니이까 주와 같이 거룩함으로 영광스러우며 찬송할 만한 위엄이 있으며 기이한 일을 행하는 자가 누구니이까...(11~13절)

놀람과 두려움이 그들에게 임하매 주의 팔이 크므로 그들이 돌 같이 침묵하였사오니 여호와여 주의 백성이 통과하기까지 곧 주께서 사신 백성이 통과하기까지였나이다...(16~20절)

마라에 이르렀더니 그 곳 물이 써서 마시지 못하겠으므로 그 이름을 마라라 하였더라...(23~26절)

• 누가복음 18장 - 예수님의 사랑에 대한 과부와 아이와 맹인의 찬양

예수께서 그들에게 항상 기도하고 낙심하지 말아야 할 것을 비유로 말씀하여...(1~3절)
하물며 하나님께서 그 밤낮 부르짖는 택하신 자들의 원한을 풀어 주지 아니하시겠느냐 그들에게 오래 참으시겠느냐...(7~14절)
예수께서 그 어린 아이들을 불러 가까이 하시고 이르시되 어린 아이들이 내게 오는 것을 용납하고 금하지 말라 하나님의 나라가 이런 자의 것이니라(16절)
어떤 관리가 물어 이르되 선한 선생님이여 내가 무엇을 하여야 영생을 얻으리이까(18절)
예수께서 이 말을 들으시고 이르시되 네게 아직도 한 가지 부족한 것이 있으니 네게 있는 것을 다 팔아 가난한 자들에게 나눠 주라 그리하면 하늘에서 네게 보화가 있으리라 그리고 와서 나를 따르라 하시니...(22~25절)
이르시되 무릇 사람이 할 수 없는 것을 하나님은 하실 수 있느니라(27절)
인자가 이방인들에게 넘겨져 희롱을 당하고 능욕을 당하고 침 뱉음을 당하겠으며...(32,33절)
맹인이 외쳐 이르되 다윗의 자손 예수여 나를 불쌍히 여기소서 하거늘...(38~43절)

• 욥기 33장 - 범죄한 자가 은혜를 입어 치유된 후 반성하며 찬양

하나님의 영이 나를 지으셨고 전능자의 기운이 나를 살리시느니라...(4~7절)
내가 그대에게 대답하리라 이 말에 그대가 의롭지 못하니 하나님은 사람보다 크심이니라...(12~14절)
그가 사람의 귀를 여시고 경고로써 두렵게 하시니...(16~19절)
만일 일천 천사 가운데 하나가 그 사람의 중보자로 함께 있어서 그의 정당함을 보일진대...(23~30절)

• 고린도후서 3장 - 그리스도의 편지와 함께 큰 영광에 참여하는 바울의 찬양

너희는 우리의 편지라 우리 마음에 썼고 뭇 사람이 알고 읽는 바라...(2,3절)
그가 또한 우리를 새 언약의 일꾼 되기에 만족하게 하셨으니 율법 조문으로 하지 아니하고 오직 영으로 함이니 율법 조문은 죽이는 것이요 영은 살리는 것이니라...(6~9절)
주는 영이시니 주의 영이 계신 곳에는 자유가 있느니라...(17,18절)

Ⅲ. 묵상을 위한 질문

1. 홍해의 기적을 통해 구원을 경험한 모세와 미리암은 백성과 더불어 하나님께 어떤 내용으로 찬양을 드렸나요?(1,4~5)

2. 홍해사건으로 찬양했던 백성은 마라의 쓴물을 만났을 때 어떻게 돌변했나요?(24)

3. 원한이 있는 과부와 구걸하는 맹인은 어떤 방법으로 문제를 해결했나요?(3,39)

4. 예수님은 바래새인과 부자 관리의 어떤 점을 지적하셨나요?(14,24)

5. 엘리후도 세 친구와 비슷한 말을 하지만 그의 말 속에 하나님에 관하여 좀 더 강조되는 부분은 무엇일까요?(24,26)

6. 욥은 엘리후의 말을 들었을 때 어떤 심정이었을까요?(8~11,33)

7. 바울은 고린도교회가 자신에게는 하나님의 영으로 쓴 그리스도의 편지가 된다고 했는데 그렇다면 그 편지에는 어떤 내용이 적혀 있을까요?(3,6)

8. 바울을 새 언약의 일꾼으로 부족함이 없게 하신 하나님은 어떤 분이실까요?(5~6,18)

Ⅳ. 기도

1. 주여! 우리로 하여금 찬양과 원망을 겸하여하는 자가 되지 않게 하옵소서.
2. 주여! 우리가 새언약 즉 예수의 일꾼으로 부족함이 없게 하옵소서.

• 하나님 마음 알아가기 • MEMO • 나(우리)에게 주시는 말씀 •

64 일차 / 365 주심 3월 5일

Ⅰ. 맥체인성경의 통독구조<64>

66권 중 한 권의 여러 장을 읽을 때 전체 대강의 줄거리를 묵상하는 일반적인 통독과는 달리, 66권 중 다른 네 권의 한 장씩을 합쳐 네 장을 읽고 링크된 내용을 묵상함으로 다양하게 역사하신 하나님의 구속사를 깨닫는 구조이다.

Ⅱ. 핵심구절 읽기

성경본문	출애굽기 16장	누가복음 19장	욥기 34장	고린도후서 4장
통일주제	주심			
개별주제	하나님이 양식으로 만나와 메추라기를 주심	하나님이 각 사람에게 예수와 므나를 주심	하나님이 이 세상에 정의와 은혜를 주심	하나님이 전파하는 자에게 복음과 직분을 주심
연합내용	**하나님은 믿는 자에게 육신의 양식과 영혼의 양식을 주신다. 뿐만 아니라 다른 영혼을 구원하도록 예수의 복음도 주신다.**			
핵심구절	2~5,8,13~16 19~24,27~29,31 33~35	2~6,8~10,12~13 16~17,20~22,26 29~30,35,44,46	3~6,10~12 17~19,21,23~24 29,31~32,35~36	4~11,14,16~18

• 출애굽기 16장 - 하나님이 양식으로 만나와 메추라기를 주심

이스라엘 자손 온 회중이 그 광야에서 모세와 아론을 원망하여...(2~5절)

모세가 또 이르되 여호와께서 저녁에는 너희에게 고기를 주어 먹이시고 아침에는 떡으로 배불리시리니 이는 여호와께서 자기를 향하여 너희가 원망하는 그 말을 들으셨음이라 우리가 누구냐 너희의 원망은 우리를 향하여 함이 아니요 여호와를 향하여 함이로다(8절)

저녁에는 메추라기가 와서 진에 덮이고 아침에는 이슬이 진 주위에 있더니...(13~16절)

모세가 그들에게 이르기를 아무든지 아침까지 그것을 남겨두지 말라 하였으나...(19~24절)

일곱째 날에 백성 중 어떤 사람들이 거두러 나갔다가 얻지 못하니라...(27~29절)

이스라엘 족속이 그 이름을 만나라 하였으며 3)깟씨 같이 희고 맛은 꿀 섞은 과자 같았더라(31절)
또 모세가 아론에게 이르되 항아리를 가져다가 그 속에 만나 한 오멜을 담아 여호와 앞에 두어 너희 대대로 간수하라...(33~35절)

• 누가복음 19장 - 하나님이 각 사람에게 예수와 므나를 주심

삭개오라 이름하는 자가 있으니 세리장이요 또한 부자라...(2~6절)
삭개오가 서서 주께 여짜오되 주여 보시옵소서 내 소유의 절반을 가난한 자들에게 주겠사오며 만일 누구의 것을 속여 빼앗은 일이 있으면 네 갑절이나 갚겠나이다...(8~10절)
이르시되 어떤 귀인이 왕위를 받아가지고 오려고 먼 나라로 갈 때에...(12,13절)
그 첫째가 나아와 이르되 주인이여 당신의 한 므나로 열 므나를 남겼나이다...(16,17절)
또 한 사람이 와서 이르되 주인이여 보소서 당신의 한 므나가 여기 있나이다 내가 수건으로 싸 두었었나이다...(20~22절)
주인이 이르되 내가 너희에게 말하노니 무릇 있는 자는 받겠고 없는 자는 그 있는 것도 빼앗기리라(26절)
감람원이라 불리는 산쪽에 있는 벳바게와 베다니에 가까이 가셨을 때에 제자 중 둘을 보내시며...(29~30절)
그것을 예수께로 끌고 와서 자기들의 겉옷을 나귀 새끼 위에 걸쳐 놓고 예수를 태우니(35절)
또 너와 및 그 가운데 있는 네 자식들을 땅에 메어치며 돌 하나도 돌 위에 남기지 아니하리니 이는 네가 보살핌 받는 날을 알지 못함을 인함이니라 하시니라(44절)
그들에게 이르시되 기록된 바 내 집은 기도하는 집이 되리라 하였거늘 너희는 강도의 소굴을 만들었도다 하시니라(46절)

• 욥기 34장 - 하나님이 이 세상에 정의와 은혜를 주심

입이 음식물의 맛을 분별함 같이 귀가 말을 분별하나니...(3~6절)
그러므로 너희 총명한 자들아 내 말을 들으라 하나님은 악을 행하지 아니하시며 전능

자는 결코 불의를 행하지 아니하시고...(10~12절)
정의를 미워하시는 이시라면 어찌 그대를 다스리시겠느냐 의롭고 전능하신 이를 그대가 정죄하겠느냐...(17~19절)
그는 사람의 길을 주목하시며 사람의 모든 걸음을 감찰하시나니(21절)
하나님은 사람을 심판하시기에 오래 생각하실 것이 없으시니...(23,24절)
주께서 침묵하신다고 누가 그를 정죄하며 그가 얼굴을 가리신다면 누가 그를 뵈올 수 있으랴 그는 민족에게나 인류에게나 동일하시니(29절)
그대가 하나님께 아뢰기를 내가 죄를 지었사오니 다시는 범죄하지 아니하겠나이다...(31,32절)
욥이 무식하게 말하니 그의 말이 지혜롭지 못하도다 하리라...(35,36절)

• 고린도후서 4장 - 하나님이 전파하는 자에게 복음과 직분을 주심

그 중에 이 세상의 신이 믿지 아니하는 자들의 마음을 혼미하게 하여 그리스도의 영광의 복음의 광채가 비치지 못하게 함이니 그리스도는 하나님의 형상이니라...(4~11절)
주 예수를 다시 살리신 이가 예수와 함께 우리도 다시 살리사 너희와 함께 그 앞에 서게 하실 줄을 아노라(14절)
그러므로 우리가 낙심하지 아니하노니 우리의 겉사람은 낡아지나 우리의 속사람은 날로 새로워지도다...(16~18절)

Ⅲ. 묵상을 위한 질문

1. 하나님은 이스라엘 자손에게 만나와 메추라기를 주시면서 무엇을 시험하셨나요?(28)

2. 하나님은 처음 보는 이 음식을 이스라엘 자손에게만 몇 년 먹이셨나요?(35)

3. 삭개오는 예수님을 영접한지 얼마 만에 소유의 반을 가난한 자에게 주겠다고 결단했나요?(8)

4. 예수님은 장사하는 자들에게 성전을 무엇이라고 가르치셨나요?(46)

5. 엘리후는 욥을 평가할 때 가장 나쁜 점이 무엇이라고 했나요?(5,35~36)

6. 엘리후가 말하는 하나님은 어떤 분이실까요?(10~12,21)

7. 바울은 복음을 전하는 자가 여러 가지 상황에서 승리할 수 있는 것은 속에 무엇을 가지고 있기 때문이라고 했나요?(7~9)

8. 바울은 믿는 자가 결코 낙심하지 않는 이유를 무엇 때문이라고 했나요?(16)

Ⅳ. 기도

1. 주여! 삶의 어려운 문제로 하나님을 원망하지 않게 하옵소서.
2. 주여! 날마다 교회에서 기도하는 하나님의 마음에 합한 자가 되게 하옵소서.
3. 주여! 보배이신 예수님을 마음에 간직하고 살아가는 승리자가 되게 하옵소서.

• 하나님 마음 알아가기 • MEMO • 나(우리)에게 주시는 말씀 •

65 일차 / 365 불만 3월 6일

Ⅰ. 맥체인성경의 통독구조<65>

1. 편집순 읽기 –> 연대기 읽기 –> 입체적 읽기
2. 동서남북 4면 보기

사복음서를 통해 입체적인 예수님을 보듯 신구약을 통해 하나님의 역사를 입체적으로 보는 구조이다.

Ⅱ. 핵심구절 읽기

성경본문	출애굽기 17장	누가복음 20장	욥기 35장	고린도후서 5장
통일주제	불만			
개별주제	물이 없음에 대한 이스라엘 자손들의 불만	예수의 비유에 대한 서기관들과 대제사장들의 불만	욥의 주장에 대한 엘리후의 불만	육체의 한계 속에 있는 바울의 선한 불만
연합내용	**사람은 삶 속에서 불만을 가지고 있다. 육체적이든 지식적이든 사상적이든 영적이든 불만을 가지고 있다. 모든 불만은 하나님과 그의 아들 예수 그리스도를 믿는 참된 신앙 안에서 해답을 찾을 수 있다.**			
핵심구절	1~2,4~6,8~9 11~12,14~15	1~4,7~10,13~15 19~25,27,29~36 41,44,46~47	5~8,10~16	1~2,5~10,13~19 21

• 출애굽기 17장 - 물이 없음에 대한 이스라엘 자손들의 불만

이스라엘 자손의 온 회중이 여호와의 명령대로 신 광야에서 떠나 그 노정대로 행하여 르비딤에 장막을 쳤으나 백성이 마실 물이 없는지라...(1,2절)
모세가 여호와께 부르짖어 이르되 내가 이 백성에게 어떻게 하리이까 그들이 조금 있으면 내게 돌을 던지겠나이다...(4~6절)
그 때에 아말렉이 와서 이스라엘과 르비딤에서 싸우니라...(8,9절)
모세가 손을 들면 이스라엘이 이기고 손을 내리면 아말렉이 이기더니...(11,12절)
여호와께서 모세에게 이르시되 이것을 책에 기록하여 기념하게 하고 여호수아의 귀에 외워 들리라 내가 아말렉을 없이하여 천하에서 기억도 못 하게 하리라...(14,15절)

• 누가복음 20장 - 예수의 비유에 대한 서기관들과 대제사장들의 불만

하루는 예수께서 성전에서 백성을 가르치시며 복음을 전하실새 대제사장들과 서기관들이 장로들과 함께 가까이 와서...(1~4절)
대답하되 어디로부터인지 알지 못하노라 하니...(7~10절)
포도원 주인이 이르되 어찌할까 내 사랑하는 아들을 보내리니 그들이 혹 그는 존대하리라 하였더니...(13~15절)
서기관들과 대제사장들이 예수의 이 비유는 자기들을 가리켜 말씀하심인 줄 알고 즉시 잡고자 하되 백성을 두려워하더라...(19~25절)
부활이 없다고 주장하는 사두개인 중 어떤 이들이 와서(27절)
그런데 칠 형제가 있었는데 맏이가 아내를 취하였다가 자식이 없이 죽고...(29~36절)
예수께서 그들에게 이르시되 사람들이 어찌하여 그리스도를 다윗의 자손이라 하느냐(41절)
그런즉 다윗이 그리스도를 주라 칭하였으니 어찌 그의 자손이 되겠느냐 하시니라(44절)
긴 옷을 입고 다니는 것을 원하며 시장에서 문안 받는 것과 회당의 높은 자리와 잔치의 윗자리를 좋아하는 서기관들을 삼가라...(46,47절)

• 욥기 35장 - 욥의 주장에 대한 엘리후의 불만

그대는 하늘을 우러러보라 그대보다 높이 뜬 구름을 바라보라...(5~8절)
나를 지으신 하나님은 어디 계시냐고 하며 밤에 노래를 주시는 자가 어디 계시냐고 말하는 자가 없구나...(10~16절)

• 고린도후서 5장 - 육체의 한계 속에 있는 바울의 선한 불만

만일 땅에 있는 우리의 장막 집이 무너지면 하나님께서 지으신 집 곧 손으로 지은 것이 아니요 하늘에 있는 영원한 집이 우리에게 있는 줄 아느니라...(1,2절)
곧 이것을 우리에게 이루게 하시고 보증으로 성령을 우리에게 주신 이는 하나님이시니라...(5~10절)

우리가 만일 미쳤어도 하나님을 위한 것이요 정신이 온전하여도 너희를 위한 것이니...(13~19절)
하나님이 죄를 알지도 못하신 이를 우리를 대신하여 죄로 삼으신 것은 우리로 하여금 그 안에서 하나님의 의가 되게 하려 하심이라(21절)

Ⅲ. 묵상을 위한 질문

1. 물이 없어 원망하는 이스라엘 자손에게 모세가 행한 두 가지 일은 무엇일까요?(4,6)

2. 이스라엘이 아말렉과 싸워서 승리할 수 있었던 것은 무엇 때문일까요?(16)

3. 예수님은 서기관들과 대제사장들에게 자신을 비유로 어떻게 설명했나요?(13~15)

4. 예수님은 부활이 없다고 주장하는 사두개인들에게 부활에 관하여 어떻게 설명했나요?(36,38)

5. 엘리후는 욥에 대해 어떤 불만을 가지고 있었나요?(2~3)

6. 엘리후는 욥이 계속 고통 중에 있는 것은 무엇을 하지 않았기 때문이라고 말했나요?(9~10,14)

7. 고린도교회의 성도에게 밝힌 바울의 간절한 소망은 무엇이었나요?(8~9)

8. 바울은 하나님이 우리 믿는 자들에게 어떤 직분을 주셨다고 말했나요?(18)

Ⅳ. 기도

1. 주님의 일을 할 때에 다른 사람의 원망을 들어도 흔들리지 않게 하옵소서.
2. 그리스도 안에서 새로운 피조물인 우리가 화목의 직분을 잘 감당하게 하옵소서.

• 하나님 마음 알아가기 • MEMO • 나(우리)에게 주시는 말씀 •

66 일차 / 365 지식 3월 7일

I. 맥체인성경의 통독구조<66>

1. 코끼리 알기 : 한면만을 볼 경우 단면의 한계로 온전히 이해하기 어렵다.
2. 코, 뿔, 다리, 꼬리 알기 : 각각의 특징, 지체를 종합하여 볼 때 온전한 모습을 볼 수 있다. 그러므로 성경의 네 시대를 함께 봄으로써 전체를 보는 구조이다.

II. 핵심구절 읽기

성경본문	출애굽기 18장	누가복음 21장	욥기 36장	고린도후서 6장
통일주제	지식			
개별주제	재판 앞에 나온 백성을 다스리는 지식	값진 헌금과 멸망의 때를 분별하는 지식	하나님의 속성과 능력을 아는 지식	믿는 자의 자기이해와 성별하는 지식
연합내용	**아는 것은 힘이다. 하나님에 대해서, 신앙생활에 대해서, 사명감당에 대해서, 삶의 문제를 풀어가는 것에 대해서 우리는 충분한 지식을 가지고 살아갈 때 죄와 악에 빠지지 않으며 실족하지 않는다.**			
핵심구절	1~4,8~11,14,16 18,21~23	2~6,8~12,15,18 20,23~27,31 34~38	2~11,15~18,21 24~28,31~33	1~10,13~16

• 출애굽기 18장 - 재판 앞에 나온 백성을 다스리는 지식

모세의 장인이며 미디안 제사장인 이드로가 하나님이 모세에게와 자기 백성 이스라엘에게 하신 일 곧 여호와께서 이스라엘을 애굽에서 인도하여 내신 모든 일을 들으니라...(1~4절)

모세가 여호와께서 이스라엘을 위하여 바로와 애굽 사람에게 행하신 모든 일과 길에서 그들이 당한 모든 고난과 여호와께서 그들을 구원하신 일을 다 그 장인에게 말하매...(8~11절)

모세의 장인이 모세가 백성에게 행하는 모든 일을 보고 이르되 네가 이 백성에게 행하는 이 일이 어찌 됨이냐 어찌하여 네가 홀로 앉아 있고 백성은 아침부터 저녁까지 네 곁에 서 있느냐(14절)

그들이 일이 있으면 내게로 오나니 내가 그 양쪽을 재판하여 하나님의 율례와 법도를 알게 하나이다(16절)
너와 또 너와 함께 한 이 백성이 필경 기력이 쇠하리니 이 일이 네게 너무 중함이라 네가 혼자 할 수 없으리라(18절)
너는 또 온 백성 가운데서 능력 있는 사람들 곧 하나님을 두려워하며 진실하며 불의한 이익을 미워하는 자를 살펴서 백성 위에 세워 천부장과 백부장과 오십부장과 십부장을 삼아...(21~23절)

• 누가복음 21장 - 값진 헌금과 멸망의 때를 분별하는 지식

또 어떤 가난한 과부가 두 렙돈 넣는 것을 보시고...(2~6절)
이르시되 미혹을 받지 않도록 주의하라 많은 사람이 내 이름으로 와서 이르되 내가 그라 하며 때가 가까이 왔다 하겠으나 그들을 따르지 말라...(8~12절)
내가 너희의 모든 대적이 능히 대항하거나 변박할 수 없는 구변과 지혜를 너희에게 주리라(15절)
너희 머리털 하나도 상하지 아니하리라(18절)
너희가 예루살렘이 군대들에게 에워싸이는 것을 보거든 그 멸망이 가까운 줄을 알라(20절)
그 날에는 아이 밴 자들과 젖먹이는 자들에게 화가 있으리니 이는 땅에 큰 환난과 이 백성에게 진노가 있겠음이로다...(23~27절)
이와 같이 너희가 이런 일이 일어나는 것을 보거든 하나님의 나라가 가까이 온 줄을 알라(31절)
너희는 스스로 조심하라 그렇지 않으면 방탕함과 술취함과 생활의 염려로 마음이 둔하여지고 뜻밖에 그 날이 덫과 같이 너희에게 임하리라...(34~38절)

• 욥기 36장 - 하나님의 속성과 능력을 아는 지식

나를 잠깐 용납하라 내가 그대에게 보이리니 이는 내가 하나님을 위하여 아직도 할 말이 있음이라...(2~11절)
하나님은 곤고한 자를 그 곤고에서 구원하시며 학대 당할 즈음에 그의 귀를 여시나

니...(15~18절)
삼가 악으로 치우치지 말라 그대가 환난보다 이것을 택하였느니라(21절)
그대는 하나님께서 하신 일을 기억하고 높이라 잊지 말지니라 인생이 그의 일을 찬송하였느니라...(24~28절)
이런 것들로 만민을 심판하시며 음식을 풍성하게 주시느니라...(31~33절)

• 고린도후서 6장 - 믿는 자의 자기이해와 성별하는 지식

우리가 하나님과 함께 일하는 자로서 너희를 권하노니 하나님의 은혜를 헛되이 받지 말라...(1~10절)
내가 자녀에게 말하듯 하노니 보답하는 것으로 너희도 마음을 넓히라...(13~16절)

Ⅲ. 묵상을 위한 질문

1. 모세는 헤어졌던 가족과 언제 다시 만날 수 있었나요?(2~3,5)

2. 장인 이드로는 모세에게 어떤 통치방법을 가르쳐 주었나요?(21,25)

3. 예수님은 누구를 예로 들어 진정한 헌금을 교훈하셨나요?(2~4)

4. 예수님은 어떤 징조가 있을 때 화려한 성전이 무너진다고 예언하셨나요?(8~11)

5. 욥에게 교훈하고 있는 엘리후의 단점은 무엇일까요?(1~4)

6. 엘리후는 욥에게 하나님에 관하여 어떤 지식을 말하고 있나요?(5~7,15~,26)

7. 바울은 자신을 가리켜 어떤 존재라고 선포하고 있나요?(1,4,9~10)

8. 바울이 고린도교회 성도들에게 강조한 두 가지 교훈은 무엇일까요?(13~14)

Ⅳ. 기도

1. 주여! 다른 사람의 충고를 경히 여기지 않게 하옵소서.
2. 주여! 종말적인 신앙을 가지고 세상을 향하여 담대히 나아가게 하옵소서.
3. 주여! 하나님을 아는 지식이 충만하기 위하여 성서의 사람이 되게 하옵소서.

• 하나님 마음 알아가기 •　　MEMO　　• 나(우리)에게 주시는 말씀 •

67 일차 / 365 예비 3월 8일

Ⅰ. 맥체인성경의 통독구조<67>

1. 영혼의 양식 먹기 : 하나님의 말씀을 먹는 방법은 매우 다양하다.
   듣기, 읽기, 공부하기, 암송하기, 묵상하기
2. 단품, 코스, 퓨전, 뷔페 다양하게 먹기 : 어떤 음식을 어떻게 먹느냐에 따라 그 맛이 다르다. 맥체인성경 통독은 다양한 맛을 느끼게 하는 구조이다.

Ⅱ. 핵심구절 읽기

성경본문	출애굽기 19장	누가복음 22장	욥기 37장	고린도후서 7장
통일주제	예비			
개별주제	이스라엘 자손이 성결함으로 여호와의 임재를 예비	제자들이 객실, 성찬, 기도로 예수님의 유월절을 예비	하나님이 자연의 창조와 다스리심으로 질서를 예비	바울과 성도는 하나님의 일꾼으로서 거룩함으로 구원을 예비
연합내용	**하나님은 항상 계획적이시다. 즉흥적으로 행하지 않으신다. 그러므로 성도도 하나님의 예비하심처럼 늘 예비하는 자세로 사역과 삶을 살아야 한다. 그 예비함 중의 하나는 구별과 성별이다.**			
핵심구절	4~6,10~13,16 18,21~24	3~6,8,11,15,17, 19~20,24~27, 30~34,39~44, 48~51,61~62	2,5~7,10~14 19~20,22~24	1~2,5~7,9~12 15~16

• 출애굽기 19장 - 이스라엘 자손이 성결함으로 여호와의 임재를 예비

내가 애굽 사람에게 어떻게 행하였음과 내가 어떻게 독수리 날개로 너희를 업어 내게로 인도하였음을 너희가 보았느니라...(4~6절)
여호와께서 모세에게 이르시되 너는 백성에게로 가서 오늘과 내일 그들을 성결하게 하며 그들에게 옷을 빨게 하고...(10~13절)
셋째 날 아침에 우레와 번개와 빽빽한 구름이 산 위에 있고 나팔 소리가 매우 크게 들리니 진중에 있는 모든 백성이 다 떨더라(16절)
시내 산에 연기가 자욱하니 여호와께서 불 가운데서 거기 강림하심이라 그 연기가 옹

기 가마 연기 같이 떠오르고 온 산이 크게 진동하며(18절)
여호와께서 모세에게 이르시되 내려가서 백성을 경고하라 백성이 밀고 들어와 나 여호와에게로 와서 보려고 하다가 많이 죽을까 하노라...(21~24절)

• 누가복음 22장 - 제자들이 객실, 성찬, 기도로 예수님의 유월절을 예비

열둘 중의 하나인 가룟인이라 부르는 유다에게 사탄이 들어가니...(3~6절)
예수께서 베드로와 요한을 보내시며 이르시되 가서 우리를 위하여 유월절을 준비하여 우리로 먹게 하라(8절)
그 집 주인에게 이르되 선생님이 네게 하는 말씀이 내가 내 제자들과 함께 유월절을 먹을 객실이 어디 있느냐 하시더라 하라(11절)
이르시되 내가 고난을 받기 전에 너희와 함께 이 유월절 먹기를 원하고 원하였노라(15절)
이에 잔을 받으사 감사 기도 하시고 이르시되 이것을 갖다가 너희끼리 나누라(17절)
또 떡을 가져 감사 기도 하시고 떼어 그들에게 주시며 이르시되 이것은 너희를 위하여 주는 내 몸이라 너희가 이를 행하여 나를 기념하라 하시고...(19,20절)
또 그들 사이에 그 중 누가 크냐 하는 다툼이 난지라...(24~27절)
너희로 내 나라에 있어 내 상에서 먹고 마시며 또는 보좌에 앉아 이스라엘 열두 지파를 다스리게 하려 하노라...(30~34절)
예수께서 나가사 습관을 따라 감람 산에 가시매 제자들도 따라갔더니...(39~44절)
예수께 입을 맞추려고 가까이 하는지라 예수께서 이르시되 유다야 네가 입맞춤으로 인자를 파느냐 하시니...(48~51절)
주께서 돌이켜 베드로를 보시니 베드로가 주의 말씀 곧 오늘 닭 울기 전에 네가 세 번 나를 부인하리라 하심이 생각나서...(61,62절)

• 욥기 37장 - 하나님이 자연의 창조와 다스리심으로 질서를 예비

하나님의 음성 곧 그의 입에서 나오는 소리를 똑똑히 들으라(2절)
하나님은 놀라운 음성을 내시며 우리가 헤아릴 수 없는 큰 일을 행하시느니라...(5~7절)

하나님의 입김이 얼음을 얼게 하고 물의 너비를 줄어들게 하느니라...(10~14절)
우리가 그에게 할 말을 그대는 우리에게 가르치라 우리는 아둔하여 아뢰지 못하겠노라...(19,20절)
북쪽에서는 황금 같은 빛이 나오고 하나님께는 두려운 위엄이 있느니라...(22~24절)

• 고린도후서 7장 - 바울과 성도는 하나님의 일꾼으로서 거룩함으로 구원을 예비

그런즉 사랑하는 자들아 이 약속을 가진 우리는 하나님을 두려워하는 가운데서 거룩함을 온전히 이루어 육과 영의 온갖 더러운 것에서 자신을 깨끗하게 하자...(1,2절)
우리가 마게도냐에 이르렀을 때에도 우리 육체가 편하지 못하였고 사방으로 환난을 당하여 밖으로는 다툼이요 안으로는 두려움이었노라...(5~7절)
내가 지금 기뻐함은 너희로 근심하게 한 까닭이 아니요 도리어 너희가 근심함으로 회개함에 이른 까닭이라 너희가 하나님의 뜻대로 근심하게 된 것은 우리에게서 아무 해도 받지 않게 하려 함이라...(9~12절)
그가 너희 모든 사람들이 두려움과 떪으로 자기를 영접하여 순종한 것을 생각하고 너희를 향하여 그의 심정이 더욱 깊었으니...(15,16절)

Ⅲ. 묵상을 위한 질문

1. 이스라엘은 출애굽을 단행한지 얼마 후에 시내광야에 도착했나요?(1)

2. 여호와는 모세를 만나 이스라엘 백성으로 하여금 항상 무엇을 준비하라고 지시하셨나요?(10,12,15)

3. 예수님은 유월절 전 마지막 밤에 제자들에게 무엇을 기념케 하셨나요?(19~20)

4. 예수님의 고난 때 예수님의 기도와 제자들의 기도는 어떻게 다를까요?(44,46)

5. 엘리후는 하나님의 창조와 다스리심을 어떻게 비유적으로 설명했나요?(4,6,10)

6. 엘리후는 욥에게 어떤 권면을 했나요?(2,14)

7. 바울은 고린도교회의 회개를 위해 편지를 썼는데 그 결과는 어떻게 되었나요?(8~9)

8. 바울은 누구 편에 서신을 주고 받으며 소식을 듣고 위로를 받았나요?(6,13)

Ⅳ. 기도

1. 주여, 우리로 하여금 항상 깨끗하고 거룩하게 하옵소서.
2. 주여, 신앙생활 중 고난을 받을 때 시험에 들지 않게 계속 기도하게 하옵소서
3. 주여, 주의 일을 하는 자들에게 위로를 줄 수 있는 자가 되게 하옵소서.

• 하나님 마음 알아가기 • MEMO • 나(우리)에게 주시는 말씀 •

68 일차 / 365 관계 3월 9일

Ⅰ. 맥체인성경의 통독구조<68>

1. 워드링크(Word Link) : 단어를 서로 연결한다. 성경 4장에는 같은 단어가 서로 연결되어 있고, 표현이 다른 단어지만 뜻이 같아 연결되어 있다.
2. 통일성 : 구약과 신약은 예수 안에서 연결되고 통일된다. 이것을 통독하면서 찾아 해석하는 구조이다.

Ⅱ. 핵심구절 읽기

성경본문	출애굽기 20장	누가복음 23장	욥기 38장	고린도후서 8장
통일주제	관계			
개별주제	십계명을 통한 하나님과 이스라엘 백성의 관계	십자가의 예수와 선한 강도, 여자, 요셉의 관계	창조주 하나님과 우주, 자연만물의 관계	연보를 통한 마게도냐교회와 바울의 관계
연합내용	**인간에게 있어서 관계는 생존의 양식이다. 인간은 하나님과 예수님, 그리고 하나님이 창조하신 자연과 교회에 대하여 올바른 관계를 가짐으로 복된 금생과 내생을 살아갈 수 있다.**			
핵심구절	3~17,19~20,24	8,11,14~16, 20~23,26,28, 32~34,39~47, 50~53	1~5,8~10,16~22 25~29,32~33 36~37,41	1~6,8~11,14 19~21,24

• 출애굽기 20장 - 십계명을 통한 하나님과 이스라엘 백성의 관계

너는 나 외에는 다른 신들을 네게 두지 말라...(3~17절)
모세에게 이르되 당신이 우리에게 말씀하소서 우리가 들으리이다 하나님이 우리에게 말씀하시지 말게 하소서 우리가 죽을까 하나이다...(19,20절)
내게 토단을 쌓고 그 위에 네 양과 소로 네 번제와 화목제를 드리라 내가 내 이름을 기념하게 하는 모든 곳에서 네게 임하여 복을 주리라(24절)

• 누가복음 23장 - 십자가의 예수와 선한 강도, 여자, 요셉의 관계

헤롯이 예수를 보고 매우 기뻐하니 이는 그의 소문을 들었으므로 보고자 한 지 오래였고 또한 무엇이나 이적 행하심을 볼까 바랐던 연고러라(8절)
헤롯이 그 군인들과 함께 예수를 업신여기며 희롱하고 빛난 옷을 입혀 빌라도에게 도로 보내니(11절)
이르되 너희가 이 사람이 백성을 미혹하는 자라 하여 내게 끌고 왔도다 보라 내가 너희 앞에서 심문하였으되 너희가 고발하는 일에 대하여 이 사람에게서 죄를 찾지 못하였고...(14~16절)
빌라도는 예수를 놓고자 하여 다시 그들에게 말하되...(20~23절)
그들이 예수를 끌고 갈 때에 시몬이라는 구레네 사람이 시골에서 오는 것을 붙들어 그에게 십자가를 지워 예수를 따르게 하더라(26절)
예수께서 돌이켜 그들을 향하여 이르시되 예루살렘의 딸들아 나를 위하여 울지 말고 너희와 너희 자녀를 위하여 울라(28절)
또 다른 두 행악자도 사형을 받게 되어 예수와 함께 끌려 가니라...(32~34절)
달린 행악자 중 하나는 비방하여 이르되 네가 그리스도가 아니냐 너와 우리를 구원하라 하되...(39~47절)
공회 의원으로 선하고 의로운 요셉이라 하는 사람이 있으니...(50~53절)

• 욥기 38장 - 창조주 하나님과 우주, 자연만물의 관계

그 때에 여호와께서 폭풍우 가운데에서 욥에게 말씀하여 이르시되...(1~5절)
바다가 그 모태에서 터져 나올 때에 문으로 그것을 가둔 자가 누구냐...(8~10절)
네가 바다의 샘에 들어갔었느냐 깊은 물 밑으로 걸어 다녀 보았느냐...(16~22절)
누가 홍수를 위하여 물길을 터 주었으며 우레와 번개 길을 내어 주었느냐...(25~29절)
너는 별자리들을 각각 제 때에 이끌어 낼 수 있으며 북두성을 다른 별들에게로 이끌어 갈 수 있겠느냐...(32,33절)
가슴 속의 지혜는 누가 준 것이냐 수탉에게 슬기를 준 자가 누구냐...(36,37절)
까마귀 새끼가 하나님을 향하여 부르짖으며 먹을 것이 없어서 허우적거릴 때에 그것을 위하여 먹이를 마련하는 이가 누구냐(41절)

· 고린도후서 8장 - 연보를 통한 마게도냐교회와 바울의 관계

형제들아 하나님께서 마게도냐 교회들에게 주신 은혜를 우리가 너희에게 알리노니...(1~6절)

내가 명령으로 하는 말이 아니요 오직 다른 이들의 간절함을 가지고 너희의 사랑의 진실함을 증명하고자 함이로라...(8~11절)

이제 너희의 넉넉한 것으로 그들의 부족한 것을 보충함은 후에 그들의 넉넉한 것으로 너희의 부족한 것을 보충하여 균등하게 하려 함이라(14절)

이뿐 아니라 그는 동일한 주의 영광과 우리의 원을 나타내기 위하여 여러 교회의 택함을 받아 우리가 맡은 은혜의 일로 우리와 동행하는 자라...(19~21절)

그러므로 너희는 여러 교회 앞에서 너희의 사랑과 너희에 대한 우리 자랑의 증거를 그들에게 보이라(24절)

Ⅲ. 묵상을 위한 질문

1. 하나님이 이스라엘 백성에게 계명을 내릴 수 있는 근거는 무엇일까요?(2)

2. 십계명의 내용을 크게 분류하여 볼 때 그 두 영역은 무엇일까요?(3,16)

3. 총독 빌라도가 예수 그리스도에게 물어 본 근본적인 질문은 무엇일까요?(3)

4. 예수님과 함께 십자가에 달린 두 행악자는 각각 어떤 말을 했나요?(34,39,41)

5. 여호와 하나님은 어디에서 욥에게 말씀하셨나요?(1)

6. 여호와 하나님은 욥에게 무엇에 관한 질문을 하셨나요?(4~41)

7. 바울은 연보(헌금)를 어떻게 드리는 것이라고 가르쳤나요?(3,14)

8. 바울이 칭찬하는 제자인 디도의 사역과 자세는 무엇이었나요?(6,16~19,23)

IV. 기도

1. 주여, 우리로 하여금 하나님께서 주신 계명을 온전히 준행하게 하옵소서.
2. 주여, 우리가 아무리 악할지라도 주님을 의지하고 온전히 기도하게 하옵소서.
3. 주여, 날마다 형편에 따른 헌금보다 믿음에 따른 헌금을 훈련하게 하옵소서.

• 하나님 마음 알아가기 •　　MEMO　　• 나(우리)에게 주시는 말씀 •

69 일차 / 365 자유 3월 10일

I. 맥체인성경의 통독구조<69>

1. 편하게 읽을 것인가, 유익하게 읽을 것인가?
   편하게 읽는다는 것은 생각을 단순화 시키는 것과 같다. 따라서 유익하게 읽으려면 사고를 동원해야 한다.
2. 익숙하게 읽을 것인가, 새롭게 읽을 것인가?
   습관적으로, 전통적으로 읽으면 익숙하게 읽을 수는 있다. 하지만 새롭게 읽으려면 지도와 도움이 필요하다. 맥체인성경 통독은 약간의 훈련이 필요한 구조다.

II. 핵심구절 읽기

성경본문	출애굽기 21장	누가복음 24장	욥기 39장	고린도후서 9장
통일주제	자유			
개별주제	신분과 채무에 매였던 억압으로부터의 자유	죽음과 의심에 매였던 절망으로부터의 자유	동물과 가축에게도 허락하신 생존의 자유	다른 이를 위해 정한대로 즐겨내는 연보의 자유
연합내용	**하나님은 모든 피조물에게 질서 안에서 자유를 주셨다. 그 자유를 주 뜻인 말씀 안에서 실천하는 자는 주님의 지속적인 복을 누릴 수 있다.**			
핵심구절	2~6,12~17 22~25,28~30,32 35~36	1~6,9,11~14 21~32,36~39 44~49,53	1~2,5~8~13,19 21~27	1~8,11~13

• 출애굽기 21장 - 신분과 채무에 매였던 억압으로부터의 자유

네가 히브리 종을 사면 그는 여섯 해 동안 섬길 것이요 일곱째 해에는 몸값을 물지 않고 나가 자유인이 될 것이며...(2~6절)
사람을 쳐죽인 자는 반드시 죽일 것이나...(12~17절)
사람이 서로 싸우다가 임신한 여인을 쳐서 낙태하게 하였으나 다른 해가 없으면 그 남편의 청구대로 반드시 벌금을 내되 재판장의 판결을 따라 낼 것이니라...(22~25절)
소가 남자나 여자를 받아서 죽이면 그 소는 반드시 돌로 쳐서 죽일 것이요 그 고기는

먹지 말 것이며 임자는 형벌을 면하려니와...(28~30절)
소가 만일 남종이나 여종을 받으면 소 임자가 은 삼십 세겔을 그의 상전에게 줄 것이요 소는 돌로 쳐서 죽일지니라(32절)
이 사람의 소가 저 사람의 소를 받아 죽이면 살아 있는 소를 팔아 그 값을 반으로 나누고 또한 죽은 것도 반으로 나누려니와...(35,36절)

• 누가복음 24장 - 죽음과 의심에 매였던 절망으로부터의 자유

안식 후 첫날 새벽에 이 여자들이 그 준비한 향품을 가지고 무덤에 가서...(1~6절)
무덤에서 돌아가 이 모든 것을 열한 사도와 다른 모든 이에게 알리니(9절)
사도들은 그들의 말이 허탄한 듯이 들려 믿지 아니하나...(11~14절)
우리는 이 사람이 이스라엘을 속량할 자라고 바랐노라 이뿐 아니라 이 일이 일어난 지가 사흘째요...(21~32절)
이 말을 할 때에 예수께서 친히 그들 가운데 서서 이르시되 너희에게 평강이 있을지어다 하시니...(36~39절)
또 이르시되 내가 너희와 함께 있을 때에 너희에게 말한 바 곧 모세의 율법과 선지자의 글과 시편에 나를 가리켜 기록된 모든 것이 이루어져야 하리라 한 말이 이것이라 하시고...(44~49절)
늘 성전에서 하나님을 찬송하니라(53절)

• 욥기 39장 - 동물과 가축에게도 허락하신 생존의 자유

산 염소가 새끼 치는 때를 네가 아느냐 암사슴이 새끼 낳는 것을 네가 본 적이 있느냐...(1,2절)
누가 들나귀를 놓아 자유롭게 하였느냐 누가 빠른 나귀의 매인 것을 풀었느냐(5절)
초장 언덕으로 두루 다니며 여러 가지 푸른 풀을 찾느니라...(8~13절)
말의 힘을 네가 주었느냐 그 목에 흩날리는 갈기를 네가 입혔느냐(19절)
그것이 골짜기에서 발굽질하고 힘 있음을 기뻐하며 앞으로 나아가서 군사들을 맞되...(21~27절)

• 고린도후서 9장 - 다른 이를 위해 정한대로 즐겨내는 연보의 자유

성도를 섬기는 일에 대하여는 내가 너희에게 쓸 필요가 없나니...(1~8절)
너희가 모든 일에 넉넉하여 너그럽게 연보를 함은 그들이 우리로 말미암아 하나님께 감사하게 하는 것이라...(11~13절)

Ⅲ. 묵상을 위한 질문

1. 하나님이 모세에게 주신 십계명 중 5계명과 부모폭행 및 저주 행위는 어떤

2. 나의 가축이 타인의 가축에 손해를 입혔을 경우 어떻게 해결해야 할까요?(35)

3. 안식 후 첫날 새벽에 예수의 부활 소식을 제일 먼저 들은 사람은 누구일까요?(1,5~6,10)

4. 부활 소문을 듣고 엠마오로 가던 두 제자는 부활하신 예수님이 나타나셔서 무엇을 풀어줄 때 눈이 밝아지고 마음이 뜨거워졌나요?(27,32)

5. 하나님은 욥에게 어떤 것까지 질문하셨나요?(1~2,27)

6. 하나님은 욥에게 어떤 것을 깨닫게 하시려고 질문을 계속 하시는 것일까요?

7. 바울은 성도가 연보(헌금)를 드릴 때 어떤 자세로 해야 함을 말했나요?(5~7)

8. 하나님은 감사함으로 연보하는 자에게 어떤 축복을 내리실까요?(8,10)

Ⅳ. 기도

1. 주여! 부모를 공경하고 부모에게 순종하게 하옵소서.
2. 주여! 곤고한 중에서도 진실한 감사의 예물을 드릴 수 있게 하옵소서.

• 하나님 마음 알아가기 • MEMO • 나(우리)에게 주시는 말씀 •

70 일차 / 365 지불 3월 11일

Ⅰ. 맥체인성경의 통독구조<70>

1. 하나님의 섭리의 다각성

하나님의 섭리(뜻)는 다양한 방향으로 나타난다.

하나님의 섭리(뜻)는 다양한 방법으로 나타난다.

2. 시대적, 공간적 역사하심 찾기

하나님의 사역은 시대적으로 공간적으로 섬세하게 나타나며 또 역사한다.

Ⅱ. 핵심구절 읽기

성경본문	출애굽기 22장	요한복음 1장	욥기 40장	고린도후서 10장
통일주제	지불			
개별주제	피해를 입힌 자가 그 상응하는 대가를 지불	허물과 죄로 물든 죄인의 죄값을 대신 지불	하마를 위해 모든 것을 준비하시고 양식으로 지불	사도 바울은 고린도 교회 앞에 진실한 사역을 지불
연합내용	**하나님의 통치 안에는 공의가 있다. 그러므로 자연이든 인간이든 영적이든 육적이든 바른 결과를 위해서는 반드시 대가를 지불해야 한다.**			
핵심구절	1,5,7~9,11 18~22,25~27 29~30	1~4,9~12,14,17 20,23,26~27,29 32~34,40~42,49	3~5,8,11~15 19~23	3~6,10~13,15~18

• 출애굽기 22장 - 피해를 입힌 자가 그 상응하는 대가를 지불

사람이 소나 양을 도둑질하여 잡거나 팔면 그는 소 한 마리에 소 다섯 마리로 갚고 양 한 마리에 양 네 마리로 갚을지니라(1절)

사람이 밭에서나 포도원에서 짐승을 먹이다가 자기의 짐승을 놓아 남의 밭에서 먹게 하면 자기 밭의 가장 좋은 것과 자기 포도원의 가장 좋은 것으로 배상할지니라(5절)

사람이 돈이나 물품을 이웃에게 맡겨 지키게 하였다가 그 이웃 집에서 도둑을 맞았는데 그 도둑이 잡히면 갑절을 배상할 것이요...(7~9절)

두 사람 사이에 맡은 자가 이웃의 것에 손을 대지 아니하였다고 여호와께 맹세할 것이

요 그 임자는 그대로 믿을 것이며 그 사람은 배상하지 아니하려니와(11절)
너는 무당을 살려두지 말라...(18~22절)
네가 만일 너와 함께 한 내 백성 중에서 가난한 자에게 돈을 꾸어 주면 너는 그에게 채권자 같이 하지 말며 이자를 받지 말 것이며...(25~27절)
너는 네가 추수한 것과 네가 짜낸 즙을 바치기를 더디하지 말지며 네 처음 난 아들들을 내게 줄지며...(29,30절)

• 요한복음 1장 - 허물과 죄로 물든 죄인의 죄값을 대신 지불

태초에 말씀이 계시니라 이 말씀이 하나님과 함께 계셨으니 이 말씀은 곧 하나님이시니라...(1~4절)
참 빛 곧 세상에 와서 각 사람에게 비추는 빛이 있었나니...(9~12절)
말씀이 육신이 되어 우리 가운데 거하시매 우리가 그의 영광을 보니 아버지의 독생자의 영광이요 은혜와 진리가 충만하더라(14절)
율법은 모세로 말미암아 주어진 것이요 은혜와 진리는 예수 그리스도로 말미암아 온 것이라(17절)
요한이 드러내어 말하고 숨기지 아니하니 드러내어 하는 말이 나는 그리스도가 아니라 한 대(20절)
이르되 나는 선지자 이사야의 말과 같이 주의 길을 곧게 하라고 광야에서 외치는 자의 소리로라 하니라(23절)
요한이 대답하되 나는 물로 세례를 베풀거니와 너희 가운데 너희가 알지 못하는 한 사람이 섰으니...(26,27절)
이튿날 요한이 예수께서 자기에게 나아오심을 보고 이르되 보라 세상 죄를 지고 가는 하나님의 어린 양이로다(29절)
요한이 또 증언하여 이르되 내가 보매 성령이 비둘기 같이 하늘로부터 내려와서 그의 위에 머물렀더라...(32~34절)
요한의 말을 듣고 예수를 따르는 두 사람 중의 하나는 시몬 베드로의 형제 안드레라...(40~42절)
나다나엘이 대답하되 랍비여 당신은 하나님의 아들이시요 당신은 이스라엘의 임금이로소이다(49절)

• 욥기 40장 - 하마를 위해 모든 것을 준비하시고 양식으로 지불

욥이 여호와께 대답하여 이르되...(3~5절)
네가 내 공의를 부인하려느냐 네 의를 세우려고 나를 악하다 하겠느냐(8절)
너의 넘치는 노를 비우고 교만한 자를 발견하여 모두 낮추되...(11~15절)
그것은 하나님이 만드신 것 중에 으뜸이라 그것을 지으신 이가 자기의 칼을 가져 오기를 바라노라...(19~23절)

• 고린도후서 10장 - 사도 바울은 고린도교회 앞에 진실한 사역을 지불

우리가 육신으로 행하나 육신에 따라 싸우지 아니하노니...(3~6절)
그들의 말이 그의 편지들은 무게가 있고 힘이 있으나 그가 몸으로 대할 때는 약하고 그 말도 시원하지 않다 하니...(10~13절)
우리는 남의 수고를 가지고 분수 이상의 자랑을 하는 것이 아니라 오직 너희 믿음이 자랄수록 우리의 규범을 따라 너희 가운데서 더욱 풍성하여지기를 바라노라...(15~18절)

Ⅲ. 묵상을 위한 질문

1. 재산의 손실에 대해 배상하는 기준은 무엇에 근거해야 할까요?(1,10~11)

2. 하나님이 가장 싫어하시는 일은 무엇일까요?(18,20,29)

3. 태초에 계신 말씀이시며 육신이 되어 우리 가운데 거하신 분은 누구실까요?(1,14)

4. 세상 죄를 지고 가는 하나님의 어린양이신 예수님은 어떤 사람을 제자로 선택하셨나요?(42~43)

5. 하나님은 자신의 능력을 알게 하기 위해 욥에게 어떤 일을 시키셨나요?(11~13)

6. 한 마리의 하마(베헤못)를 위해 모든 것을 제공하시는 하나님은 어떤 분이실까요?(10)

7. 바울을 싫어했던 고린도교인들은 바울의 어떤 점을 약점으로 지적했나요?(7,10)

8. 바울이 고린도교인들에게 외친 자신의 진실함과 성실함은 무엇이었나요?(13,15~16)

IV. 기도

1. 주여! 나의 손실을 아파하는 것처럼 타인의 손실을 아파하게 하옵소서.
2. 주여! 우리 가운데 빛으로 오신 주 예수님을 늘 바라보게 하옵소서.
3. 주여! 외적인 약점을 부끄러워하지 말게 하시고 영적인 강점을 믿게 하옵소서.

• 하나님 마음 알아가기 • MEMO • 나(우리)에게 주시는 말씀 •

71 일차 / 365 지킴 3월 12일

Ⅰ. 맥체인성경의 통독구조<71>

1. 역사이해 : 과거의 역사를 살피고 오늘의 관점에서 다시 해석한다.
2. 성경해석 : 본문시대의 역사
   기록시대의 역사
   독자시대의 역사

Ⅱ. 핵심구절 읽기

성경본문	출애굽기 23장	요한복음 2장	욥기 41장	고린도후서 11장
통일주제	지킴			
개별주제	하나님의 백성이 공평과 절기와 계명을 지킴	예수님이 어머니의 부탁과 유월절을 지킴	여호와가 모든 것을 창조하시고 주권으로 지킴	바울이 다른 복음으로부터 고린도교회를 지킴
연합내용	**우리는 예수님을 영접함으로 구원을 얻는다. 또한 그 구원을 지키고 완성하기 위해 어떤 어려움과 괴로움 가운데서도 절기와 계명과 복음을 지켜야 한다.**			
핵심구절	1~3,7~8,10~12 14~16,19~25 28~30,32~33	2~4,7~9,13~16 19~23	1~2,7~11,19~25 30,33~34	1~9,12~15,19~20 23~30

• 출애굽기 23장 - 하나님의 백성이 공평과 절기와 계명을 지킴

너는 거짓된 풍설을 퍼뜨리지 말며 악인과 연합하여 위증하는 증인이 되지 말며...(1~3절)
거짓 일을 멀리 하며 무죄한 자와 의로운 자를 죽이지 말라 나는 악인을 의롭다 하지 아니하겠노라...(7,8절)
너는 여섯 해 동안은 너의 땅에 파종하여 그 소산을 거두고...(10~12절)
너는 매년 세 번 내게 절기를 지킬지니라...(14~16절)
네 토지에서 처음 거둔 열매의 가장 좋은 것을 가져다가 너의 하나님 여호와의 전에 드릴지니라 너는 염소 새끼를 그 어미의 젖으로 삶지 말지니라...(19~25절)

내가 왕벌을 네 앞에 보내리니 그 벌이 히위 족속과 가나안 족속과 헷 족속을 네 앞에서 쫓아내리라...(28~30절)
너는 그들과 그들의 신들과 언약하지 말라...(32,33절)

• 요한복음 2장 - 예수님이 어머니의 부탁과 유월절을 지킴

예수와 그 제자들도 혼례에 청함을 받았더니...(2~4절)
예수께서 그들에게 이르시되 항아리에 물을 채우라 하신즉 아귀까지 채우니...(7~9절)
유대인의 유월절이 가까운지라 예수께서 예루살렘으로 올라가셨더니...(13~16절)
예수께서 대답하여 이르시되 너희가 이 성전을 헐라 내가 사흘 동안에 일으키리라...(19~23절)

• 욥기 41장 - 여호와가 모든 것을 창조하시고 주권으로 지킴

네가 낚시로 리워야단을 끌어낼 수 있겠느냐 노끈으로 그 혀를 맬 수 있겠느냐...(1,2절)
네가 능히 많은 창으로 그 가죽을 찌르거나 작살을 그 머리에 꽂을 수 있겠느냐...(7~11절)
그것의 입에서는 횃불이 나오고 불꽃이 튀어 나오며...(19~25절)
그것의 아래쪽에는 날카로운 토기 조각 같은 것이 달려 있고 그것이 지나갈 때는 진흙 바닥에 도리깨로 친 자국을 남기는구나(30절)
세상에는 그것과 비할 것이 없으니 그것은 두려움이 없는 것으로 지음 받았구나...(33,34절)

• 고린도후서 11장 - 바울이 다른 복음으로부터 고린도교회를 지킴

원하건대 너희는 나의 좀 어리석은 것을 용납하라 청하건대 나를 용납하라...(1~9절)
나는 내가 해 온 그대로 앞으로도 하리니 기회를 찾는 자들이 그 자랑하는 일로 우리와 같이 인정 받으려는 그 기회를 끊으려 함이라...(12~15절)
너희는 지혜로운 자로서 어리석은 자들을 기쁘게 용납하는구나...(19,20절)

그들이 그리스도의 일꾼이냐 정신 없는 말을 하거니와 나는 더욱 그러하도다 내가 수고를 넘치도록 하고 옥에 갇히기도 더 많이 하고 매도 수없이 맞고 여러 번 죽을 뻔하였으니...(23~30절)

Ⅲ. 묵상을 위한 질문

1. 매주 일곱째 날과 매년 세 번 절기를 지키라고 말씀하신 이유는 무엇일까요?(12,17)

2. 하나님이 약속의 땅에서 가나안 일곱 족속을 점차적으로 쫓아내시는 이유는 무엇 때문일까요?(29~30)

3. 갈릴리 가나의 혼인잔치에서 예수님은 어떤 일을 행하셨나요?(7~9,11)

4. 예수님은 성전을 무엇이라고 정의하셨나요?(16)

5. 하나님은 자신이 창조한 것 중 악어(리워야단)를 통해 무엇을 말씀하셨나요?(10~11)

6. 하나님은 악어(리워야단)의 힘과 체구 등을 자세히 언급함으로써 무엇을 말씀 하시려고 의도하셨나요?(12,33~34)

7. 바울은 고린도교인들을 다른 복음으로부터 지키기 위해 어떤 열심을 가졌나요?(2~3)

8. 바울은 복음을 전하고 교회를 지키기 위해 어떤 고난을 당했나요?(23~27)

Ⅳ. 기도

1. 주여! 하나님과의 화목을 지키고 사명감당을 위해 주일을 성수하게 하옵소서.
2. 주여! 바울처럼 하나님의 열심을 갖게 하사 고난도 능히 감당하게 하옵소서.

• 하나님 마음 알아가기 • MEMO • 나(우리)에게 주시는 말씀 •

72 일차 / 365 만남 3월 13일

I. 맥체인성경의 통독구조<72>

영화 감상하기 : 영화의 중심내용은 변할 수 없다. 하지만 그 전개과정이나 보조적인 내용이 더 큰 감동과 기억을 주곤 한다. 구약2장, 신약2장씩 읽는 맥체인성경 통독방식은 본 중심내용 외에 다양한 감동을 줄 수 있는 구조이다.

II. 핵심구절 읽기

성경본문	출애굽기 24장	요한복음 3장	욥기 42장	고린도후서 12장
통일주제	만남			
개별주제	모세가 말씀을 받기 위하여 하나님을 만남	니고데모가 거듭남을 위하여 예수님을 만남	욥이 참 회개와 축복을 위하여 여호와를 만남	바울이 연약함을 극복하기 위하여 기도 중 하나님을 만남
연합내용	**인생의 최고의 사건은 하나님을 만나는 것이다. 그 만남의 목적이 무엇이든 만남의 결과는 찬란하다. 그러므로 인간은 만남의 주도권이 하나님에게 있음을 알고 극히 겸손히 사모하고 또 찾고 찾아야 한다.**			
핵심구절	1~4,7~8,12~13 16~18	1~5,10~13 16~18,21,25~31 34~36	1~17	2~10,12~13 15,18~19

• 출애굽기 24장 - 모세가 말씀을 받기 위하여 하나님을 만남

또 모세에게 이르시되 너는 아론과 나답과 아비후와 이스라엘 장로 칠십 명과 함께 여호와께로 올라와 멀리서 경배하고...(1~4절)

언약서를 가져다가 백성에게 낭독하여 듣게 하니 그들이 이르되 여호와의 모든 말씀을 우리가 준행하리이다...(7,8절)

여호와께서 모세에게 이르시되 너는 산에 올라 내게로 와서 거기 있으라 네가 그들을 가르치도록 내가 율법과 계명을 친히 기록한 돌판을 네게 주리라...(12,13절)

여호와의 영광이 시내 산 위에 머무르고 구름이 엿새 동안 산을 가리더니 일곱째 날에 여호와께서 구름 가운데서 모세를 부르시니라...(16~18절)

• 요한복음 3장 - 니고데모가 거듭남을 위하여 예수님을 만남

그런데 바리새인 중에 니고데모라 하는 사람이 있으니 유대인의 지도자라...(1~5절)
예수께서 그에게 대답하여 이르시되 너는 이스라엘의 선생으로서 이러한 것들을 알지 못하느냐...(10~13절)
하나님이 세상을 이처럼 사랑하사 독생자를 주셨으니 이는 그를 믿는 자마다 멸망하지 않고 영생을 얻게 하려 하심이라...(16~18절)
진리를 따르는 자는 빛으로 오나니 이는 그 행위가 하나님 안에서 행한 것임을 나타내려 함이라 하시니라(21절)
이에 요한의 제자 중에서 한 유대인과 더불어 정결예식에 대하여 변론이 되었더니...(25~31절)
하나님이 보내신 이는 하나님의 말씀을 하나니 이는 하나님이 성령을 한량 없이 주심이니라...(34~36절)

• 욥기 42장 - 욥이 참 회개와 축복을 위하여 여호와를 만남

욥이 여호와께 대답하여 이르되...(1~17절)

• 고린도후서 12장 - 바울이 연약함을 극복하기 위하여 기도 중 하나님을 만남

내가 그리스도 안에 있는 한 사람을 아노니 그는 십사 년 전에 셋째 하늘에 이끌려 간 자라 (그가 몸 안에 있었는지 몸 밖에 있었는지 나는 모르거니와 하나님은 아시느니라) ...(2~10절)
사도의 표가 된 것은 내가 너희 가운데서 모든 참음과 표적과 기사와 능력을 행한 것이라...(12,13절)
내가 너희 영혼을 위하여 크게 기뻐하므로 재물을 사용하고 또 내 자신까지도 내어 주리니 너희를 더욱 사랑할수록 나는 사랑을 덜 받겠느냐(15절)
내가 디도를 권하고 함께 한 형제를 보내었으니 디도가 너희의 이득을 취하더냐 우리가 동일한 성령으로 행하지 아니하더냐 동일한 보조로 하지 아니하더냐...(18,19절)

Ⅲ. 묵상을 위한 질문

1. 모세가 백성과 더불어 하나님께 드린 제사는 어떤 요소를 갖추었나요?(4~7)

2. 모세는 백성에게 전할 말씀을 받기 위해 어떤 자세를 가졌나요?(12,14,18)

3. 예수님은 니고데모에게 거듭남이 구원에 이르는 길이라고 가르치셨습니다. 그렇다면 사람은 무엇으로 거듭날 수 있을까요?(5,15~16)

4. 세례요한은 자기 제자들에게 예수님을 어떻게 소개했나요?(28,30~31,34~35)

5. 욥은 여호와 하나님께 무엇을 회개하였나요?(3,5~6)

6. 여호와 하나님은 욥에게 어떤 복을 주셨나요?(10,12~13,16)

7. 은사를 많이 받은 바울은 하나님께 무엇을 구했나요?(7~9)

8. 바울은 고린도교회 교인들을 대할 때 무엇이 두렵다고 했나요?(20~21)

Ⅳ. 기도

1. 주여! 하나님의 말씀을 받기 위하여 항상 영육간에 정결하게 하옵소서.
2. 주여! 세례요한처럼 겸손하게 자신의 위치를 알고, 오실 예수님을 담대히 전하는 주님의 일꾼이 되게 하옵소서.
3. 주여! 나에게 치유가 일어나지 않더라도 남의 치유를 위해 기도하게 하옵소서.

• 하나님 마음 알아가기 • MEMO • 나(우리)에게 주시는 말씀 •

73 일차 / 365 제시 3월 14일

Ⅰ. 맥체인성경의 통독구조<73>

1. 파편적으로 듣는 말씀 : 우리가 듣는 설교는 일반적으로 설교자의 주관적 본문선택 및 해석에 의해 듣게 되는 경우가 많다. 단 강해설교는 예외일 수 있다.
2. 종합적으로 듣는 말씀 : 반면 맥체인성경의 통독은 전혀 다른 본문을 순서적으로 읽게 되어 입체적이고 사면적으로 통독하므로 종합적인 말씀이 될 수 있다.

Ⅱ. 핵심구절 읽기

성경본문	출애굽기 25장	요한복음 4장	잠언 1장	고린도후서 13장
통일주제	제시			
개별주제	하나님은 모세에게 임재 장소인 성소를 제시함	예수님은 수가성 여자에게 생명의 복음을 제시함	솔로몬이 백성을 향하여 지혜와 명철을 제시함	바울이 고린도교회 죄에 대해 권징치 않기를 제시함
연합내용	**사람은 혼자의 힘으로 살 수 없다. 물론 성도도 마찬가지다. 그러므로 늘 성삼위일체 하나님의 제시하시는 말씀을 기도 중에 듣고 또 주의 종을 통해 제시하시는 길을 가는 것이 바람직한 생활이다.**			
핵심구절	2~11,16~25 29~31,37~40	1,5~10,13~18 23~26,28~30 34~42,46~50,53	1~5,7,10,13~16 19~23,27~30,33	1~5,8~11,13

• 출애굽기 25장 - 하나님은 모세에게 임재 장소인 성소를 제시함

이스라엘 자손에게 명령하여 내게 예물을 가져오라 하고 기쁜 마음으로 내는 자가 내게 바치는 모든 것을 너희는 받을지니라...(2~11절)

내가 네게 줄 증거판을 궤 속에 둘지며...(16~25절)

너는 대접과 숟가락과 병과 붓는 잔을 만들되 순금으로 만들며...(29~31절)

등잔 일곱을 만들어 그 위에 두어 앞을 비추게 하며...(37~40절)

• 요한복음 4장 - 예수님은 수가성 여자에게 생명의 복음을 제시함

예수께서 제자를 삼고 세례를 베푸시는 것이 요한보다 많다 하는 말을 바리새인들이 들은 줄을 주께서 아신지라(1절)
사마리아에 있는 수가라 하는 동네에 이르시니 야곱이 그 아들 요셉에게 준 땅이 가깝고...(5~10절)
예수께서 대답하여 이르시되 이 물을 마시는 자마다 다시 목마르려니와...(13~18절)
아버지께 참되게 예배하는 자들은 영과 진리로 예배할 때가 오나니 곧 이 때라 아버지께서는 자기에게 이렇게 예배하는 자들을 찾으시느니라...(23~26절)
여자가 물동이를 버려 두고 동네로 들어가서 사람들에게 이르되...(28~30절)
예수께서 이르시되 나의 양식은 나를 보내신 이의 뜻을 행하며 그의 일을 온전히 이루는 이것이니라...(34~42절)
예수께서 다시 갈릴리 가나에 이르시니 전에 물로 포도주를 만드신 곳이라 왕의 신하가 있어 그의 아들이 가버나움에서 병들었더니...(46~50절)
그의 아버지가 예수께서 네 아들이 살아 있다 말씀하신 그 때인 줄 알고 자기와 그 온 집안이 다 믿으니라(53절)

• 잠언 1장 - 솔로몬이 백성을 향하여 지혜와 명철을 제시함

다윗의 아들 이스라엘 왕 솔로몬의 잠언이라...(1~5절)
여호와를 경외하는 것이 지식의 근본이거늘 미련한 자는 지혜와 훈계를 멸시하느니라(7절)
내 아들아 악한 자가 너를 꾈지라도 따르지 말라(10절)
우리가 온갖 보화를 얻으며 빼앗은 것으로 우리 집을 채우리니...(13~16절)
이익을 탐하는 모든 자의 길은 다 이러하여 자기의 생명을 잃게 하느니라...(19~23절)
너희의 두려움이 광풍 같이 임하겠고 너희의 재앙이 폭풍 같이 이르겠고 너희에게 근심과 슬픔이 임하리니...(27~30절)
오직 내 말을 듣는 자는 평안히 살며 재앙의 두려움이 없이 안전하리라(33절)

• 고린도후서 13장 - 바울이 고린도교회 죄에 대해 권징치 않기를 제시함

내가 이제 세 번째 너희에게 가리니 두세 증인의 입으로 말마다 확정하리라...(1~5절)
우리는 진리를 거슬러 아무 것도 할 수 없고 오직 진리를 위할 뿐이니...(8~11절)
주 예수 그리스도의 은혜와 하나님의 사랑과 성령의 교통하심이 너희 무리와 함께 있을지어다(13절)

Ⅲ. 묵상을 위한 질문

1. 하나님께서 성소를 지을 때 그 모든 재료를 무엇으로 하라고 하셨나요?(2,8)

2. 하나님께서 법궤 위에 속죄소를 만들라고 하신 이유는 무엇일까요?(17,21~22)

3. 예수님은 사마리아 수가성 여자에게 어떻게 구원의 복음을 전하셨나요?
   (7~8,13~14,18,23,26)

4. 많은 사람들이 예수님을 믿게 된 것은 무엇 때문이었나요?(39,41,53)

5. 솔로몬은 백성을 향해 악한 자를 따르지 말고 무엇을 어떻게 얻으라고 했나요?(7)

6. 지혜와 지식과 명철을 얻으려하지 않는 사람은 어떻게 된다고 했나요?(26~27)

7. 바울이 고린도교회에 방문하면 주 예수 안에서 무엇을 하겠다고 했나요?(2,7)

8. 바울은 늘 자신이 전도한 교회들에 대하여 어떤 마음을 갖고 있었나요?(10)

IV. 기도

1. 하나님이 임재하시는 예배당을 항상 정결하게 하는 우리가 되게 하옵소서.
2. 예수님이 소외당한 여자를 섬세하게 구원하셨던 것처럼 우리도 행하게 하옵소서.
3. 솔로몬과 바울이 선민을 걱정하고 권면함을 알아 저희도 늘 깨어있게 하옵소서.

• 하나님 마음 알아가기 • MEMO • 나(우리)에게 주시는 말씀 •

74 일차 / 365 이유 3월 15일

Ⅰ. 맥체인성경의 통독구조<74>

창세기~역대하 : 만물의 시작과 이스라엘의 시작

에스라~말라기 : 이스라엘의 멸망과 새 시대의 시작

마태복음~요한복음 : 예수의 복음사역과 십자가 구속

사도행전~요한계시록 : 교회의 시작과 선교

Ⅱ. 핵심구절 읽기

성경본문	출애굽기 26장	요한복음 5장	잠언 2장	갈라디아서 1장
통일주제	이유			
개별주제	하나님이 모세에게 성막을 만들게 하신 이유	예수님이 38년된 중풍병자를 고치신 이유	솔로몬이 백성에게 지혜와 지식을 강조한 이유	바울이 갈리디아교회 성도에게 편지를 쓴 이유
연합내용	**모든 일에는 우연이란 없다. 다 이유가 있다. 왜냐하면 하나님이 하시는 모든 일은 계획적이며 완전한 목적이 있기 때문이다. 그러므로 믿는 자가 하는 모든 일은 주 뜻 안에서 타당한 이유를 갖게 된다.**			
핵심구절	1,7,12~15,26 29~37	2,5~11,14 17~24,29~32 36~39,42,46~47	1~8,16,19~21	1,4,6~8,10~12 15~18,23~24

• 출애굽기 26장 - 하나님이 모세에게 성막을 만들게 하신 이유

너는 성막을 만들되 가늘게 꼰 베 실과 청색 자색 홍색 실로 그룹을 정교하게 수 놓은 열 폭의 휘장을 만들지니(1절)

그 성막을 덮는 막 곧 휘장을 염소털로 만들되 열한 폭을 만들지며(7절)

그 막 곧 휘장의 그 나머지 반 폭은 성막 뒤에 늘어뜨리고...(12~15절)

너는 조각목으로 띠를 만들지니 성막 이쪽 널판을 위하여 다섯 개요(26절)

그 널판들을 금으로 싸고 그 널판들의 띠를 꿸 금 고리를 만들고 그 띠를 금으로 싸라...(29~37절)

• 요한복음 5장 - 예수님이 38년된 중풍병자를 고치신 이유

예루살렘에 있는 양문 곁에 히브리 말로 베데스다라 하는 못이 있는데 거기 행각 다섯이 있고(2절)

거기 서른여덟 해 된 병자가 있더라...(5~11절)

그 후에 예수께서 성전에서 그 사람을 만나 이르시되 보라 네가 나았으니 더 심한 것이 생기지 않게 다시는 죄를 범하지 말라 하시니(14절)

예수께서 그들에게 이르시되 내 아버지께서 이제까지 일하시니 나도 일한다 하시매...(17~24절)

선한 일을 행한 자는 생명의 부활로, 악한 일을 행한 자는 심판의 부활로 나오리라...(29~32절)

내게는 요한의 증거보다 더 큰 증거가 있으니 아버지께서 내게 주사 이루게 하시는 역사 곧 내가 하는 그 역사가 아버지께서 나를 보내신 것을 나를 위하여 증언하는 것이요...(36~39절)

다만 하나님을 사랑하는 것이 너희 속에 없음을 알았노라(42절)

모세를 믿었더라면 또 나를 믿었으리니 이는 그가 내게 대하여 기록하였음이라...(46,47절)

• 잠언 2장 - 솔로몬이 백성에게 지혜와 지식을 강조한 이유

내 아들아 네가 만일 나의 말을 받으며 나의 계명을 네게 간직하며...(1~8절)

지혜가 또 너를 음녀에게서, 말로 호리는 이방 계집에게서 구원하리니(16절)

누구든지 그에게로 가는 자는 돌아오지 못하며 또 생명 길을 얻지 못하느니라...(19~21절)

• 갈라디아서 1장 - 바울이 갈리디아교회 성도에게 편지를 쓴 이유

사람들에게서 난 것도 아니요 사람으로 말미암은 것도 아니요 오직 예수 그리스도와 그를 죽은 자 가운데서 살리신 하나님 아버지로 말미암아 사도 된 바울은(1절)

그리스도께서 하나님 곧 우리 아버지의 뜻을 따라 이 악한 세대에서 우리를 건지시려

고 우리 죄를 대속하기 위하여 자기 몸을 주셨으니(4절)
그리스도의 은혜로 너희를 부르신 이를 이같이 속히 떠나 다른 복음을 따르는 것을 내가 이상하게 여기노라...(6~8절)
이제 내가 사람들에게 좋게 하랴 하나님께 좋게 하랴 사람들에게 기쁨을 구하랴 내가 지금까지 사람들의 기쁨을 구하였다면 그리스도의 종이 아니니라...(10~12절)
그러나 내 어머니의 태로부터 나를 택정하시고 그의 은혜로 나를 부르신 이가...(15~18절)
다만 우리를 박해하던 자가 전에 멸하려던 그 믿음을 지금 전한다 함을 듣고...(23,24절)

Ⅲ. 묵상을 위한 질문

1. 하나님이 모세에게 성막의 제작내용을 자세히 말씀하신 이유는 무엇일까요?

2. 하나님이 성막을 제작할 때 가장 신경 쓰신 내용은 무엇일까요?(1,9,17,31)

3. 예수님이 고쳐주신 38년된 중풍병자는 무엇 때문에 병에 걸렸었나요?(5,14)

4. 메시야를 기다리던 유대인들이 하나님께로부터 생명과 구원의 능력을 받아 가지고 오신 예수님을 인정하지 않는 가장 큰 이유는 무엇 때문일까요?(30,43)

5. 지혜와 명철과 지식에 귀를 기울이면 어떤 유익이 있을까요?(5,9~12,20)

6. 지혜와 명철의 사람은 정직하고 완전한 자가 되어 어디에 존재하게 될까요?(21)

7. 바울에게 들려온 갈라디아교회의 가장 큰 잘못은 무엇이었나요?(6,8,9)

8. 바울은 자신이 전하는 복음이 어디에서 온 것이 아니라고 했나요?(11~12,19)

IV. 기도

1. 성막에 기울여진 정성처럼 교회에 대한 우리의 마음도 참되게 하옵소서.
2. 예수님을 온전히 영접하여 오래된 문제와 질병을 반드시 해결받게 하옵소서.
3. 수지선민교회가 성경이 전하는 온전한 복음만 듣고 믿고 따르게 하옵소서.

• 하나님 마음 알아가기 • MEMO • 나(우리)에게 주시는 말씀 •

75 일차 / 365 사명 3월 16일

I. 맥체인성경의 통독구조<75>

맥체인성경의 순서대로!

창세기~역대하 : 만물의 시작과 이스라엘의 시작

마태복음~요한복음 : 예수의 복음사역과 십자가 구속

에스라~말라기 : 이스라엘의 멸망과 새 시대의 시작

사도행전~요한계시록 : 교회의 시작과 선교

II. 핵심구절 읽기

성경본문	출애굽기 27장	요한복음 6장	잠언 3장	갈라디아서 2장
통일주제	사명			
개별주제	밤낮 성막의 등불을 보살피는 제사장들의 사명	생명의 떡으로 오신 구원자 예수님의 사명	주를 신뢰하고 인정하여 복된 삶을 살 아들의 사명	유대인과 헬라인에게 복음을 전한 두 사도의 사명
연합내용	**하나님의 섭리를 따라 이 땅에 태어난 선택된 영혼은 반드시 감당해야 할 사명이 있다. 이런 사명자는 자신에게 주어진 일이 어떤 것이든, 또 어떤 고난이 따르든 감사함과 충성됨으로 감당해야 한다.**			
핵심구절	1~4,8~10,13~16 19~21	4~11,16~21 25~29,32~40 47~51,53~58,63	1~11,21~27 32~35	1~2,7~14,16 19~20

• 출애굽기 27장 - 밤낮 성막의 등불을 보살피는 제사장들의 사명

너는 조각목으로 길이가 다섯 규빗, 너비가 다섯 규빗의 제단을 만들되 네모 반듯하게 하며 높이는 삼 규빗으로 하고...(1~4절)

제단은 널판으로 속이 비게 만들되 산에서 네게 보인 대로 그들이 만들게 하라...(8~10절)

동쪽을 향하여 뜰 동쪽의 너비도 쉰 규빗이 될지며...(13~16절)

성막에서 쓰는 모든 기구와 그 말뚝과 뜰의 포장 말뚝을 다 놋으로 할지니라...(19~21절)

• 요한복음 6장 - 생명의 떡으로 오신 구원자 예수님의 사명

마침 유대인의 명절인 유월절이 가까운지라...(4~11절)
저물매 제자들이 바다에 내려가서...(16~21절)
바다 건너편에서 만나 랍비여 언제 여기 오셨나이까 하니...(25~29절)
예수께서 이르시되 내가 진실로 진실로 너희에게 이르노니 모세가 너희에게 하늘로부터 떡을 준 것이 아니라 내 아버지께서 너희에게 하늘로부터 참 떡을 주시나니...(32~40절)
진실로 진실로 너희에게 이르노니 믿는 자는 영생을 가졌나니...(47~51절)
예수께서 이르시되 내가 진실로 진실로 너희에게 이르노니 인자의 살을 먹지 아니하고 인자의 피를 마시지 아니하면 너희 속에 생명이 없느니라...(53~58절)
살리는 것은 영이니 육은 무익하니라 내가 너희에게 이른 말은 영이요 생명이라(63절)

• 잠언 3장 - 주를 신뢰하고 인정하여 복된 삶을 살 아들의 사명

내 아들아 나의 법을 잊어버리지 말고 네 마음으로 나의 명령을 지키라...(1~11절)
내 아들아 완전한 지혜와 근신을 지키고 이것들이 네 눈 앞에서 떠나지 말게 하라...(21~27절)
대저 패역한 자는 여호와께서 미워하시나 정직한 자에게는 그의 교통하심이 있으며...(32~35절)

• 갈라디아서 2장 - 유대인과 헬라인에게 복음을 전한 두 사도의 사명

십사 년 후에 내가 바나바와 함께 디도를 데리고 다시 예루살렘에 올라갔나니...(1,2절)
도리어 그들은 내가 무할례자에게 복음 전함을 맡은 것이 베드로가 할례자에게 맡음과 같은 것을 보았고...(7~14절)
사람이 의롭게 되는 것은 율법의 행위로 말미암음이 아니요 오직 예수 그리스도를 믿음으로 말미암는 줄 알므로 우리도 그리스도 예수를 믿나니 이는 우리가 율법의 행위로써가 아니고 그리스도를 믿음으로써 의롭다 함을 얻으려 함이라 율법의 행위로써

는 의롭다 함을 얻을 육체가 없느니라(16절)
내가 율법으로 말미암아 율법에 대하여 죽었나니 이는 하나님에 대하여 살려 함이라...(19,20절)

Ⅲ. 묵상을 위한 질문

1. 하나님이 모세에게 제단과 성막 뜰을 어떻게 만들라고 하셨나요?(1~8,9~19)

2. 하나님은 아론과 그의 아들들에게 어떤 사명을 주셨나요?(21)

3. 예수님은 유월절 즈음에 어린아이의 보리떡 5개로 몇 명을 먹이셨나요?(10)

4. 오병이어기적 이후 예수님은 제자들에게 자신이 누구임을 가르치셨나요?(35)

5. 솔로몬은 지혜, 지식, 명철을 추구하는 것에 대해 한 단어로 어떻게 말했나요?(1)

6. 솔로몬은 참된 지혜와 명철이 무엇을 통해서도 온다고 언급했나요?(11~13)

7. 바울은 갈라디아교회 성도에게 자신의 어떤 점을 강하게 어필했나요?(2,7~8)

8. 바울이 게바 베드로를 야단친 이유는 무엇 때문일까요?(11~14)

Ⅳ. 기도

1. 주여! 우리로 하여금 성전의 기도등불을 끄지 않도록 강한 의지를 주옵소서.
2. 주여! 작은 것이라도 정성껏 주님께 드려 주의 나라를 세워가게 하옵소서.
3. 주여! 인간적인 자신을 지키기 위해 본을 버리고 비굴해지는 일이 없게 하옵소서.

• 하나님 마음 알아가기 • MEMO • 나(우리)에게 주시는 말씀 •

76 일차 / 365 단절(피함) 3월 17일

Ⅰ. 맥체인성경의 통독구조<76>

먼저 첫 번째 장을 읽을 때 전체 줄거리 중에서 몇 개의 주제를 찾고 이어 두 번째 장을 읽을 때 그 중 같은 주제를 찾아 연관 짓는다. 이어 세 번째, 네 번째 장을 읽으면서 통일된 한 개의 주제로 압축하는 통독구조이다.

Ⅱ. 핵심구절 읽기

성경본문	출애굽기 28장	요한복음 7장	잠언 4장	갈라디아서 3장
통일주제	단절(피함)			
개별주제	여호와께 성결하기 위해 거룩한 옷을 입어 속된 것으로부터 단절	사명을 감당하기 위해 때가 이를 때까지 위험으로부터 단절	의인의 복된 삶을 살기 위해 악한 마음과 굽은 말로부터 단절	믿음으로 얻은 구원과 성령을 지키기 위해 율법으로부터의 단절
연합내용	**하나님의 사람은 소중하게 얻은 구원과 사명을 지키기 위해 날마다 피해야 할 것들을 단절해야 한다. 만약 교만하여 속된 것을 방심하고 방치하다가 받아들이게 되면 어리석은 자가 되어 모든 것을 잃게 된다.**			
핵심구절	1~4,10~12,15 21,29~30,34~38 40,42	4~7,14~18 28~34,37~39 46~51	3~9,13~16,18 21~24,27	1~3,6~9,13~14 16,22,24~28

• 출애굽기 28장 - 여호와께 성결하기 위해 거룩한 옷을 입어 속된 것으로부터 단절

너는 이스라엘 자손 중 네 형 아론과 그의 아들들 곧 아론과 아론의 아들들 나답과 아비후와 엘르아살과 이다말을 그와 함께 네게로 나아오게 하여 나를 섬기는 제사장 직분을 행하게 하되...(1~4절)

그들의 나이대로 여섯 이름을 한 보석에, 나머지 여섯 이름은 다른 보석에 새기라...(10~12절)

너는 판결 흉패를 에봇 짜는 방법으로 금 실과 청색 자색 홍색 실과 가늘게 꼰 베 실로 정교하게 짜서 만들되(15절)

이 보석들은 이스라엘 아들들의 이름대로 열둘이라 보석마다 열두 지파의 한 이름씩 도장을 새기는 법으로 새기고(21절)

아론이 성소에 들어갈 때에는 이스라엘 아들들의 이름을 기록한 이 판결 흉패를 가슴에 붙여 여호와 앞에 영원한 기념을 삼을 것이니라...(29,30절)
그 옷 가장자리로 돌아가며 한 금 방울, 한 석류, 한 금 방울, 한 석류가 있게 하라...(34~38절)
너는 아론의 아들들을 위하여 속옷을 만들며 그들을 위하여 띠를 만들며 그들을 위하여 관을 만들어 영화롭고 아름답게 하되(40절)
또 그들을 위하여 베로 속바지를 만들어 허리에서부터 두 넓적다리까지 이르게 하여 하체를 가리게 하라(42절)

• 요한복음 7장 - 사명을 감당하기 위해 때가 이를 때까지 위험으로부터 단절

스스로 나타나기를 구하면서 묻혀서 일하는 사람이 없나니 이 일을 행하려 하거든 자신을 세상에 나타내소서 하니...(4~7절)
이미 명절의 중간이 되어 예수께서 성전에 올라가사 가르치시니...(14~18절)
예수께서 성전에서 가르치시며 외쳐 이르시되 너희가 나를 알고 내가 어디서 온 것도 알거니와 내가 스스로 온 것이 아니니라 나를 보내신 이는 참되시니 너희는 그를 알지 못하나...(28~34절)
명절 끝날 곧 큰 날에 예수께서 서서 외쳐 이르시되 누구든지 목마르거든 내게로 와서 마시라...(37~39절)
아랫사람들이 대답하되 그 사람이 말하는 것처럼 말한 사람은 이 때까지 없었나이다 하니...(46~51절)

• 잠언 4장 - 의인의 복된 삶을 살기 위해 악한 마음과 굽은 말로부터 단절

나도 내 아버지에게 아들이었으며 내 어머니 보기에 유약한 외아들이었노라...(3~9절)
훈계를 굳게 잡아 놓치지 말고 지키라 이것이 네 생명이니라...(13~16절)
의인의 길은 돋는 햇살 같아서 크게 빛나 한낮의 광명에 이르거니와(18절)
그것을 네 눈에서 떠나게 하지 말며 네 마음 속에 지키라...(21~24절)
좌로나 우로나 치우치지 말고 네 발을 악에서 떠나게 하라(27절)

• 갈라디아서 3장 - 믿음으로 얻은 구원과 성령을 지키기 위해 율법으로부터의 단절

어리석도다 갈라디아 사람들아 예수 그리스도께서 십자가에 못 박히신 것이 너희 눈 앞에 밝히 보이거늘 누가 너희를 꾀더냐...(1~3절)
아브라함이 하나님을 믿으매 그것을 그에게 의로 정하셨다 함과 같으니라...(6~9절)
그리스도께서 우리를 위하여 저주를 받은 바 되사 율법의 저주에서 우리를 속량하셨으니 기록된 바 나무에 달린 자마다 저주 아래에 있는 자라 하였음이라...(13,14절)
이 약속들은 아브라함과 그 자손에게 말씀하신 것인데 여럿을 가리켜 그 자손들이라 하지 아니하시고 오직 한 사람을 가리켜 네 자손이라 하셨으니 곧 그리스도라(16절)
그러나 성경이 모든 것을 죄 아래에 가두었으니 이는 예수 그리스도를 믿음으로 말미암는 약속을 믿는 자들에게 주려 함이라(22절)
이같이 율법이 우리를 그리스도께로 인도하는 초등교사가 되어 우리로 하여금 믿음으로 말미암아 의롭다 함을 얻게 하려 함이라...(24~28절)

Ⅲ. 묵상을 위한 질문

1. 하나님은 모세에게 제사장을 영화롭고 아름답게 하기 위하여 어떤 옷을 지어 입히라고 하셨나요?(2~3,40)

2. 제사장이 입는 옷에 한 금방울, 한 석류를 돌아가며 단 이유는 무엇일까요?(34~35)

3. 예수님에 대해 유대인들은 죽이려하고 형제들은 믿지 않은 이유가 무엇일까요?(1,5,7)

4. 예수님은 자신을 믿는 자에게 무엇이 배에서 흘러나올 것이라고 하셨나요?(38~39)

5. 솔로몬이 강조한 교육방식은 무엇일까요?(1,3~4)

6. 솔로몬은 무엇을 지키며 무엇을 버리고 멀리하라고 했나요?(23~24)

7. 바울이 갈라디아교회 사람들을 어리석게 본 이유는 무엇 때문일까요?(2~3)

8. 믿음으로 구원을 얻은 자에게 초등교사 역할을 한 것은 무엇일까요?(24~25)

Ⅳ. 기도

1. 주여! 사명을 감당하기 위해 갖추어야 할 것을 온전히 준비하게 하옵소서.
2. 주여! 마지막까지 주신 사명을 온전히 감당하기 위해 지혜롭게 하옵소서.
3. 주여! 믿음으로 얻은 구원과 사명을 지키기 위해 견고한 마음을 주옵소서.

• 하나님 마음 알아가기 •	MEMO	• 나(우리)에게 주시는 말씀 •

77 일차 / 365 위임 3월 18일

Ⅰ. 맥체인성경의 통독구조<77>

4장의 전개를 드라마의 시나리오 구성으로 생각하고 전개하라.

1) 우선 등장인물 한 사람의 이야기부터 시작한다.

2) 등장인물을 중심으로 일어난 한 사건의 이야기로 풀어간다.

3) 다른 한 편에서 일어나는 인물과 사건에도 연계하여 내용을 파악, 전개한다.

4) 종합적으로 시나리오를 완성한다.

Ⅱ. 핵심구절 읽기

성경본문	출애굽기 29장	요한복음 8장	잠언 5장	갈라디아서 4장
통일주제	위임			
개별주제	아론과 아들들이 거룩한 제사장의 직분을 위임받음	예수님이 하나님에게 구원자의 사명을 위임받음	다음세대가 자기 자신 및 삶의 돌봄을 위임받음	성도가 아빠 아버지에게 아들의 유업을 위임받음
연합내용	**인간에게는 자유의지가 있다. 그 자유의지가 불완전하고 타락한 것이라 할지라도 주님은 사는 동안 그의 의지를 인정하신다. 더나가 예수를 영접하여 양자가 되면 그 자녀에게는 모든 것을 믿고 위임하신다.**			
핵심구절	1~10,14~15,18 21,24~26,29 35~39,42~43,45	3~11,14,16,18,21 23~24,28~32, 34~36,42~45,51, 54~55	2,6,9~13,15 18~19,21,23	1~9,13~14,17 19~20,30

• 출애굽기 29장 - 아론과 아들들이 거룩한 제사장의 직분을 위임받음

네가 그들에게 나를 섬길 제사장 직분을 위임하여 그들을 거룩하게 할 일은 이러하니 곧 어린 수소 하나와 흠 없는 숫양 둘을 택하고...(1~10절)
그 수소의 고기와 가죽과 똥을 진 밖에서 불사르라 이는 속죄제니라...(14,15절)
그 숫양 전부를 제단 위에 불사르라 이는 여호와께 드리는 번제요 이는 향기로운 냄새니 여호와께 드리는 화제니라(18절)
제단 위의 피와 관유를 가져다가 아론과 그의 옷과 그의 아들들과 그의 아들들의 옷에 뿌리라 그와 그의 옷과 그의 아들들과 그의 아들들의 옷이 거룩하리라(21절)

그 전부를 아론의 손과 그의 아들들의 손에 주고 그것을 흔들어 여호와 앞에 요제를 삼을지며...(24~26절)
아론의 성의는 후에 아론의 아들들에게 돌릴지니 그들이 그것을 입고 기름 부음으로 위임을 받을 것이며(29절)
너는 내가 네게 한 모든 명령대로 아론과 그의 아들들에게 그같이 하여 이레 동안 위임식을 행하되...(35~39절)
이는 너희가 대대로 여호와 앞 회막 문에서 늘 드릴 번제라 내가 거기서 너희와 만나고 네게 말하리라...(42,43절)
내가 이스라엘 자손 중에 거하여 그들의 하나님이 되리니(45절)

• 요한복음 8장 - 예수님이 하나님에게 구원자의 사명을 위임받음

서기관들과 바리새인들이 음행중에 잡힌 여자를 끌고 와서 가운데 세우고...(3~11절)
예수께서 대답하여 이르시되 내가 나를 위하여 증언하여도 내 증언이 참되니 나는 내가 어디서 오며 어디로 가는 것을 알거니와 너희는 내가 어디서 오며 어디로 가는 것을 알지 못하느니라(14절)
만일 내가 판단하여도 내 판단이 참되니 이는 내가 혼자 있는 것이 아니요 나를 보내신 이가 나와 함께 계심이라(16절)
내가 나를 위하여 증언하는 자가 되고 나를 보내신 아버지도 나를 위하여 증언하시느니라(18절)
다시 이르시되 내가 가리니 너희가 나를 찾다가 너희 죄 가운데서 죽겠고 내가 가는 곳에는 너희가 오지 못하리라(21절)
예수께서 이르시되 너희는 아래에서 났고 나는 위에서 났으며 너희는 이 세상에 속하였고 나는 이 세상에 속하지 아니하였느니라...(23,24절)
이에 예수께서 이르시되 너희가 인자를 든 후에 내가 그인 줄을 알고 또 내가 스스로 아무 것도 하지 아니하고 오직 아버지께서 가르치신 대로 이런 것을 말하는 줄도 알리라...(28~32절)
예수께서 대답하시되 진실로 진실로 너희에게 이르노니 죄를 범하는 자마다 죄의 종이라...(34~36절)
예수께서 이르시되 하나님이 너희 아버지였으면 너희가 나를 사랑하였으리니 이는 내가 하나님께로부터 나와서 왔음이라 나는 스스로 온 것이 아니요 아버지께서 나를 보내신 것이니라...(42~45절)

진실로 진실로 너희에게 이르노니 사람이 내 말을 지키면 영원히 죽음을 보지 아니하리라(51절)
예수께서 대답하시되 내가 내게 영광을 돌리면 내 영광이 아무 것도 아니거니와 내게 영광을 돌리시는 이는 내 아버지시니 곧 너희가 너희 하나님이라 칭하는 그이시라...(54,55절)

• 잠언 5장 - 다음세대가 자기 자신 및 삶의 돌봄을 위임받음

근신을 지키며 네 입술로 지식을 지키도록 하라(2절)
그는 생명의 평탄한 길을 찾지 못하며 자기 길이 든든하지 못하여도 그것을 깨닫지 못하느니라(6절)
두렵건대 네 존영이 남에게 잃어버리게 되며 네 수한이 잔인한 자에게 빼앗기게 될까 하노라...(9~13절)
너는 네 우물에서 물을 마시며 네 샘에서 흐르는 물을 마시라(15절)
네 샘으로 복되게 하라 네가 젊어서 취한 아내를 즐거워하라...(18,19절)
대저 사람의 길은 여호와의 눈 앞에 있나니 그가 그 사람의 모든 길을 평탄하게 하시느니라(21절)
그는 훈계를 받지 아니함으로 말미암아 죽겠고 심히 미련함으로 말미암아 혼미하게 되느니라(23절)

• 갈라디아서 4장 - 성도가 아빠 아버지에게 아들의 유업을 위임받음

내가 또 말하노니 유업을 이을 자가 모든 것의 주인이나 어렸을 동안에는 종과 다름이 없어서...(1~9절)
내가 처음에 육체의 약함으로 말미암아 너희에게 복음을 전한 것을 너희가 아는 바라...(13,14절)
그들이 너희에게 대하여 열심 내는 것은 좋은 뜻이 아니요 오직 너희를 이간시켜 너희로 그들에게 대하여 열심을 내게 하려 함이라(17절)
나의 자녀들아 너희 속에 그리스도의 형상을 이루기까지 다시 너희를 위하여 해산하는 수고를 하노니...(19~20절)
그러나 성경이 무엇을 말하느냐 여종과 그 아들을 내쫓으라 여종의 아들이 자유 있는 여자의 아들과 더불어 유업을 얻지 못하리라 하였느니라(30절)

Ⅲ. 묵상을 위한 질문

1. 아론과 그의 아들들이 제사장의 직분을 위임받을 때 무엇을 행했나요?(1,9)

2. 하나님은 회막에서 제사장의 제사를 통해 이스라엘 자손과 무엇을 하셨나요?(42~43)

3. 예수님은 현장에서 잡힌 간음한 여자를 어떻게 구원하셨나요?(7,11)

4. 예수님은 유대인들과의 논쟁에서 무엇을 강조하셨나요?(23~24,42,58)

5. 솔로몬은 아들에게 무엇을 지키라고 했나요?(2)

6. 솔로몬은 자신의 삶을 통해 깨달은 것 중 특히 무엇을 강조했나요?(3,20)

7. 바울이 갈라디아교회에 언성을 높일 수 밖에 없었던 이유는 무엇일까요?(9,21)

8. 바울은 율법과 복음(예수)을 어떤 비유로 명쾌하게 설명했나요?(22~26)

Ⅳ. 기도

1. 주여! 내게 주어진 직분을 잘 감당하게 하옵소서.
2. 주여! 날마다 근신하여 생활 중 만나는 모든 유혹을 능히 이기게 하옵소서.
3. 주여! 미숙했던 때로 다시 돌아가지 않도록 강한 신앙의 의지를 주옵소서.

• 하나님 마음 알아가기 •　　MEMO　　• 나(우리)에게 주시는 말씀 •

78 일차 / 365 구별 3월 19일

I. 맥체인성경의 통독구조<78>

1) 일차 성경을 사면으로 이해한다.

2) 이차 네 장의 성경말씀을 핵심본문과 그에 대한 예제의 관계로 이해해 본다.
네 장 중 어떤 본문은 원리가 되고 어떤 본문은 그 예가 될 수 있는 구조다.

II. 핵심구절 읽기

성경본문	출애굽기 30장	요한복음 9장	잠언 6장	갈라디아서 5장
통일주제	구별			
개별주제	하나님 앞에서 거룩한 것과 속된 것을 구별	예수를 믿는 자와 믿지 않는 자를 구별	법을 지키는 자와 거역하는 자를 구별	율법을 따르는 자와 성령을 따르는 자를 구별
연합내용	**하나님은 부정한 것과 악한 것을 미워하신다. 그러므로 하나님의 은혜로 구원을 받은 선택된 백성은 성별과 구별의 의무를 갖는다. 이를 경히 여기는 자는 구원에서 멀어짐을 알아야 한다.**			
핵심구절	1,6~9,12~16 18~20,25~30 34~36	1~7,16~17 21~22,24~25,28 31~33,37~39	1~8,12~14 16~19,23,27~28 30~31	1~2,4~6,11~13 16~18,21~24

• 출애굽기 30장 - 하나님 앞에서 거룩한 것과 속된 것을 구별

너는 분향할 제단을 만들지니 곧 조각목으로 만들되(1절)
그 제단을 증거궤 위 속죄소 맞은편 곧 증거궤 앞에 있는 휘장 밖에 두라 그 속죄소는 내가 너와 만날 곳이며...(6~9절)
네가 이스라엘 자손의 수효를 조사할 때에 조사 받은 각 사람은 그들을 계수할 때에 자기의 생명의 속전을 여호와께 드릴지니 이는 그들을 계수할 때에 그들 중에 질병이 없게 하려 함이라...(12~16절)
너는 물두멍을 놋으로 만들고 그 받침도 놋으로 만들어 씻게 하되 그것을 회막과 제단 사이에 두고 그 속에 물을 담으라...(18~20절)
그것으로 거룩한 관유를 만들되 향을 제조하는 법대로 향기름을 만들지니 그것이 거룩한 관유가 될지라...(25~30절)

여호와께서 모세에게 이르시되 너는 소합향과 나감향과 풍자향의 향품을 가져다가 그 향품을 유향에 섞되 각기 같은 분량으로 하고...(34~36절)

• 요한복음 9장 - 예수를 믿는 자와 믿지 않는 자를 구별

예수께서 길을 가실 때에 날 때부터 맹인 된 사람을 보신지라...(1~7절)

바리새인 중에 어떤 사람은 말하되 이 사람이 안식일을 지키지 아니하니 하나님께로부터 온 자가 아니라 하며 어떤 사람은 말하되 죄인으로서 어떻게 이러한 표적을 행하겠느냐 하여 그들 중에 분쟁이 있었더니...(16,17절)

그러나 지금 어떻게 해서 보는지 또는 누가 그 눈을 뜨게 하였는지 우리는 알지 못하나이다 그에게 물어 보소서 그가 장성하였으니 자기 일을 말하리이다...(21,22절)

이에 그들이 맹인이었던 사람을 두 번째 불러 이르되 너는 하나님께 영광을 돌리라 우리는 이 사람이 죄인인 줄 아노라...(24,25절)

그들이 욕하여 이르되 너는 그의 제자이나 우리는 모세의 제자라(28절)

하나님이 죄인의 말을 듣지 아니하시고 경건하여 그의 뜻대로 행하는 자의 말은 들으시는 줄을 우리가 아나이다...(31~33절)

예수께서 이르시되 네가 그를 보았거니와 지금 너와 말하는 자가 그이니라...(37~39절)

• 잠언 6장 - 법을 지키는 자와 거역하는 자를 구별

내 아들아 네가 만일 이웃을 위하여 담보하며 타인을 위하여 보증하였으면...(1~8절)

불량하고 악한 자는 구부러진 말을 하고 다니며...(12~14절)

여호와께서 미워하시는 것 곧 그의 마음에 싫어하시는 것이 예닐곱 가지이니...(16~19절)

대저 명령은 등불이요 법은 빛이요 훈계의 책망은 곧 생명의 길이라(23절)

사람이 불을 품에 품고서야 어찌 그의 옷이 타지 아니하겠으며...(27,28절)

도둑이 만일 주릴 때에 배를 채우려고 도둑질하면 사람이 그를 멸시하지는 아니하려니와...(30,31절)

• 갈라디아서 5장 - 율법을 따르는 자와 성령을 따르는 자를 구별

그리스도께서 우리를 자유롭게 하려고 자유를 주셨으니 그러므로 굳건하게 서서 다

시는 종의 멍에를 메지 말라...(1,2절)
율법 안에서 의롭다 함을 얻으려 하는 너희는 그리스도에게서 끊어지고 은혜에서 떨어진 자로다...(4~6절)
형제들아 내가 지금까지 할례를 전한다면 어찌하여 지금까지 박해를 받으리요 그리하였으면 십자가의 걸림돌이 제거되었으리니...(11~13절)
내가 이르노니 너희는 성령을 따라 행하라 그리하면 육체의 욕심을 이루지 아니하리라...(16~18절)
투기와 술 취함과 방탕함과 또 그와 같은 것들이라 전에 너희에게 경계한 것 같이 경계하노니 이런 일을 하는 자들은 하나님의 나라를 유업으로 받지 못할 것이요...(21~24절)

Ⅲ. 묵상을 위한 질문

1. 회막에 있는 성구의 재료와 위치는 오늘 우리에게 어떤 의미를 줄까요?(1,6)

2. 회막에서 사용되는 관유와 향은 어떻게 만들며 어떻게 관리해야 할까요?(32,37)

3. 예수님은 날 때부터 맹인된 사람을 어떻게 치료하셔서 보게 하셨나요?(6~7)

4. 예수님은 맹인과 바리새인이 논쟁할 때 자신을 누구라고 말씀하셨나요?(5,39)

5. 솔로몬이 다음세대에게 항상 경계하도록 가르친 내용은 무엇일까요?(6)

6. 솔로몬은 하나님이 싫어하시는 일곱 가지가 무엇이라고 말했나요?(17~19)

7. 바울은 거듭 믿는 자가 어디에 빠지는 것을 경계했나요?(1,4,11)

8. 바울은 성령을 따라 행하라고 했는데 그 성령의 열매는 무엇일까요?(22~23)

Ⅳ. 기도

1. 주여! 오래된 질병도 치유되게 하옵소서.
2. 주여! 하나님이 미워하시고 싫어하시는 것들을 멀리하게 하옵소서.
3. 주여! 저희로 하여금 자기 의에 빠지지 않고 성령의 임재에 거하게 하옵소서.

• 하나님 마음 알아가기 • MEMO • 나(우리)에게 주시는 말씀 •

79 일차 / 365 판단 3월 20일

Ⅰ. 맥체인성경의 통독구조<79>

구약과 신약이 **짝을 이루어** 흥미롭고 풍성하게 읽을 수 있는 구조다.

구약과 신약이 **대조를 이루어** 의미의 다채로움을 경험하며 읽을 수 있는 구조다.

Ⅱ. 핵심구절 읽기

성경본문	출애굽기 31장	요한복음 10장	잠언 7장	갈라디아서 6장
통일주제	판단			
개별주제	성구를 잘 만들기 위해 명령하신 바를 정확히 판단함	예수의 아들 됨을 믿기 위해 그의 한 일을 옳게 판단함	젊은이가 미래를 위해 단호하게 성적 유혹을 판단함	형제의 범죄를 보고 자신을 향한 시험과 유혹을 판단함
연합내용	**인간은 하나님의 형상을 따라 지음 받았으므로 지성적인 존재이다. 특히 주님을 영접한 자는 하나님의 형상을 회복함으로 지혜와 명철과 총명을 얻는다. 죄악에서 자신을 지키고 세상에서 사명을 감당하기 위해 끊임없이 상황을 판단하여 자신을 보호할 영적 의무를 갖는다.**			
핵심구절	2~6,13~14 17~18	1~5,7~16,25~30 33,36~38,41~42	3~4,7~17,21~23 26~27	1~10,14~15,17

• 출애굽기 31장 - 성구를 잘 만들기 위해 명령하신 바를 정확히 판단함

내가 유다 지파 훌의 손자요 우리의 아들인 브살렐을 지명하여 부르고...(2~6절)
너는 이스라엘 자손에게 말하여 이르기를 너희는 나의 안식일을 지키라 이는 나와 너희 사이에 너희 대대의 표징이니 나는 너희를 거룩하게 하는 여호와인 줄 너희가 알게 함이라...(13,14절)
이는 나와 이스라엘 자손 사이에 영원한 표징이며 나 여호와가 엿새 동안에 천지를 창조하고 일곱째 날에 일을 마치고 쉬었음이니라 하라...(17,18절)

• 요한복음 10장 - 예수의 아들 됨을 믿기 위해 그의 한 일을 옳게 판단함

내가 진실로 진실로 너희에게 이르노니 문을 통하여 양의 우리에 들어가지 아니하고

다른 데로 넘어가는 자는 절도며 강도요...(1~5절)
그러므로 예수께서 다시 이르시되 내가 진실로 진실로 너희에게 말하노니 나는 양의 문이라...(7~16절)
예수께서 대답하시되 내가 너희에게 말하였으되 믿지 아니하는도다 내가 내 아버지의 이름으로 행하는 일들이 나를 증거하는 것이거늘...(25~30절)
유대인들이 대답하되 선한 일로 말미암아 우리가 너를 돌로 치려는 것이 아니라 신성모독으로 인함이니 네가 사람이 되어 자칭 하나님이라 함이로라(33절)
하물며 아버지께서 거룩하게 하사 세상에 보내신 자가 나는 하나님의 아들이라 하는 것으로 너희가 어찌 신성모독이라 하느냐...(36~38절)
많은 사람이 왔다가 말하되 요한은 아무 표적도 행하지 아니하였으나 요한이 이 사람을 가리켜 말한 것은 다 참이라 하더라...(41,42절)

• 잠언 7장 - 젊은이가 미래를 위해 단호하게 성적 유혹을 판단함

이것을 네 손가락에 매며 이것을 네 마음판에 새기라...(3,4절)
어리석은 자 중에, 젊은이 가운데에 한 지혜 없는 자를 보았노라...(7~17절)
여러 가지 고운 말로 유혹하며 입술의 호리는 말로 꾀므로...(21~23절)
대저 그가 많은 사람을 상하여 엎드러지게 하였나니 그에게 죽은 자가 허다하니라...(26~27절)

• 갈라디아서 6장 - 형제의 범죄를 보고 자신을 향한 시험과 유혹을 판단함

형제들아 사람이 만일 무슨 범죄한 일이 드러나거든 신령한 너희는 온유한 심령으로 그러한 자를 바로잡고 너 자신을 살펴보아 너도 시험을 받을까 두려워하라...(1~10절)
그러나 내게는 우리 주 예수 그리스도의 십자가 외에 결코 자랑할 것이 없으니 그리스도로 말미암아 세상이 나를 대하여 십자가에 못 박히고 내가 또한 세상을 대하여 그러하니라...(14,15절)
이 후로는 누구든지 나를 괴롭게 하지 말라 내가 내 몸에 예수의 흔적을 지니고 있노라(17절)

Ⅲ. 묵상을 위한 질문

1. 여호와 하나님은 브살렐과 오홀리압에게 회막과 그에 속한 모든 것을 만들 수 있도록 무엇을 충만히 부어 주셨나요?(3,6)

2. 여호와가 이스라엘자손에게 반드시 지키라고 한 날은 어떤 날일까요?(13,16)

3. 예수님은 자신을 양의 선한목자라고 말씀하셨습니다. 선한목자는 어떤 특징을 갖고 있을까요?(3~4,11,14~15)

4. 예수님은 믿지 않고 돌로 치려는 유대인들에게 어떻게 설명했나요?(25~26,37)

5. 솔로몬은 지혜와 명철을 어느 정도로 가까이하라고 말했나요?(4)

6. 솔로몬은 음녀와 이방여인에게 빠지면 어떤 결과가 온다고 말했나요?(23,26)

7. 바울은 갈라디아교회에 덕행 중 어떤 그리스도인의 자세를 권면했나요?(2,5)

8. 바울은 가르침을 받는 자가 말씀을 가르치는 자와 모든 좋은 것을 함께하라고 권면하면서 자신에게는 무엇이 있다고 강조했나요?(6,17)

Ⅳ. 기도

1. 주여! 저희에게 하나님의 영을 충만히 부어주사 사명을 잘 감당하게 하옵소서
2. 주여! 선한 목자이신 예수님의 음성을 따라 더 풍성한 삶을 살게 하옵소서.
3. 주여! 우리 모두가 바울처럼 충성된 그리스도의 흔적을 갖게 하옵소서.

80 일차 / 365 축복 3월 21일

Ⅰ. 맥체인성경의 통독구조<80>

하나님의 구원의 역사를 한 눈에 볼 수 있도록 구성되어 있다.

세상을 향한 하나님의 마음과 생각을 폭넓게 연상할 수 있도록 구성되어 있다.

Ⅱ. 핵심구절 읽기

성경본문	출애굽기 32장	요한복음 11장	잠언 8장	에베소서 1장
통일주제	축복			
개별주제	우상숭배한 백성을 진멸치 않고 용서하신 축복	병으로 죽은 나사로를 다시 살리신 재생의 축복	지혜와 명철을 얻고 행할 때 얻는 놀라운 축복	예정하사 그리스도 안에서 아들이 되게 하신 축복
연합내용	**하나님이 믿는 자에게 주시는 축복은 다양하다. 일반적으로 예정과 선택의 축복, 용서와 속죄의 축복, 성숙과 풍요의 축복, 치유와 부활의 축복, 양자와 후사의 축복이다. 이런 축복은 놀라운 은혜의 은혜이다.**			
핵심구절	1~6,8~12,15 19~20,24~28 30~33	1~4,7,11,15,17 20~27,32~35 38~45,48,53~54	1~3,6~10,13~14 17,20~22,27~30 32,34~36	3~7,11~14,17~19 21~22

• 출애굽기 32장 - 우상 숭배한 백성을 진멸치 않고 용서하신 축복

백성이 모세가 산에서 내려옴이 더딤을 보고 모여 백성이 아론에게 이르러 말하되 일어나라 우리를 위하여 우리를 인도할 신을 만들라 이 모세 곧 우리를 애굽 땅에서 인도하여 낸 사람은 어찌 되었는지 알지 못함이니라...(1~6절)
그들이 내가 그들에게 명령한 길을 속히 떠나 자기를 위하여 송아지를 부어 만들고 그것을 예배하며 그것에게 제물을 드리며 말하기를 이스라엘아 이는 너희를 애굽 땅에서 인도하여 낸 너희 신이라 하였도다...(8~12절)
모세가 돌이켜 산에서 내려오는데 두 증거판이 그의 손에 있고 그 판의 양면 이쪽 저쪽에 글자가 있으니(15절)
진에 가까이 이르러 그 송아지와 그 춤 추는 것들을 보고 크게 노하여 손에서 그 판들을 산 아래로 던져 깨뜨리니라...(19,20절)
내가 그들에게 이르기를 금이 있는 자는 빼내라 한즉 그들이 그것을 내게로 가져왔기

로 내가 불에 던졌더니 이 송아지가 나왔나이다...(24~28절)
이튿날 모세가 백성에게 이르되 너희가 큰 죄를 범하였도다 내가 이제 여호와께로 올라가노니 혹 너희를 위하여 속죄가 될까 하노라 하고...(30~33절)

• 요한복음 11장 - 병으로 죽은 나사로를 다시 살리신 재생의 축복

어떤 병자가 있으니 이는 마리아와 그 자매 마르다의 마을 베다니에 사는 나사로라...(1~4절)
그 후에 제자들에게 이르시되 유대로 다시 가자 하시니(7절)
이 말씀을 하신 후에 또 이르시되 우리 친구 나사로가 잠들었도다 그러나 내가 깨우러 가노라(11절)
내가 거기 있지 아니한 것을 너희를 위하여 기뻐하노니 이는 너희로 믿게 하려 함이라 그러나 그에게로 가자 하시니(15절)
예수께서 와서 보시니 나사로가 무덤에 있은 지 이미 나흘이라(17절)
마르다는 예수께서 오신다는 말을 듣고 곧 나가 맞이하되 마리아는 집에 앉았더라...(20~27절)
마리아가 예수 계신 곳에 가서 뵈옵고 그 발 앞에 엎드리어 이르되 주께서 여기 계셨더라면 내 오라버니가 죽지 아니하였겠나이다 하더라...(32~35절)
이에 예수께서 다시 속으로 비통히 여기시며 무덤에 가시니 무덤이 굴이라 돌로 막았거늘...(38~45절)
만일 그를 이대로 두면 모든 사람이 그를 믿을 것이요 그리고 로마인들이 와서 우리 땅과 민족을 빼앗아 가리라 하니(48절)
이 날부터는 그들이 예수를 죽이려고 모의하니라...(53,54절)

• 잠언 8장 - 지혜와 명철을 얻고 행할 때 얻는 놀라운 축복

지혜가 부르지 아니하느냐 명철이 소리를 높이지 아니하느냐...(1~3절)
너희는 들을지어다 내가 가장 선한 것을 말하리라 내 입술을 열어 정직을 내리라...(6~10절)
여호와를 경외하는 것은 악을 미워하는 것이라 나는 교만과 거만과 악한 행실과 패역한 입을 미워하느니라...(13,14절)
나를 사랑하는 자들이 나의 사랑을 입으며 나를 간절히 찾는 자가 나를 만날 것이니라

(17절)
나는 정의로운 길로 행하며 공의로운 길 가운데로 다니나니...(20~22절)
그가 하늘을 지으시며 궁창을 해면에 두르실 때에 내가 거기 있었고...(27~30절)
아들들아 이제 내게 들으라 내 도를 지키는 자가 복이 있느니라(32절)
누구든지 내게 들으며 날마다 내 문 곁에서 기다리며 문설주 옆에서 기다리는 자는 복이 있나니...(34~36절)

• 에베소서 1장 - 예정하사 그리스도 안에서 아들이 되게 하신 축복

찬송하리로다 하나님 곧 우리 주 예수 그리스도의 아버지께서 그리스도 안에서 하늘에 속한 모든 신령한 복을 우리에게 주시되...(3~7절)
모든 일을 그의 뜻의 결정대로 일하시는 이의 계획을 따라 우리가 예정을 입어 그 안에서 기업이 되었으니...(11~14절)
우리 주 예수 그리스도의 하나님, 영광의 아버지께서 지혜와 계시의 영을 너희에게 주사 하나님을 알게 하시고...(17~19절)
모든 통치와 권세와 능력과 주권과 이 세상뿐 아니라 오는 세상에 일컫는 모든 이름 위에 뛰어나게 하시고...(21,22절)

Ⅲ. 묵상을 위한 질문

1. 아론은 백성의 원성을 듣고 금을 거둔 후 조각칼로 무엇을 만들었나요?(2,4)

2. 모세는 금송아지를 만들어 우상숭배하는 백성을 진멸하려는 하나님의 진노를 돌이키시게 한 후 백성에게 어떤 행동과 명령을 내렸나요?(12,14,20,26)

3. 나사로의 죽음을 접한 예수님은 어떤 반응을 보이셨나요?(11,35)

4. 예수님께서 죽은 나사로를 살리신 것은 어떤 두 가지 목적이 있었나요?(4,42)

5. 솔로몬은 지혜와 명철이 어디에 있으며 어떤 자에게 다가온다고 했나요?(1~3,17)

6. 솔로몬은 하나님이 천지만물을 창조하실 때에 함께 했던 지혜와 명철을 찾고 얻어 그대로 순종하며 사는 자에게는 어떤 복이 있다고 했나요?(34~35)

7. 바울은 하나님이 예수 그리스도 안에서 에베소교회 성도들에게 어떤 신령한 복을 주셨다고 가르치고 있나요?(3,5,7,11,13)

8. 바울은 하나님이 우리에게 신령한 복을 주신 이유가 무엇이라고 했나요?(6,12,14)

IV. 기도

1. 주여! 우리가 고난가운데 있고 답답할지라도 우상을 쫓지 않게 하옵소서.
2. 예수님이 우리의 상황을 보시고 눈물을 흘리실 만큼 사랑받는 자가 되게 하옵소서.
3. 하나님께로부터 신령한 축복을 받은 자녀답게 늘 성별하게 살도록 하옵소서.

• 하나님 마음 알아가기 • MEMO • 나(우리)에게 주시는 말씀 •

81 일차 / 365 자세 3월 22일

Ⅰ. 맥체인성경의 통독구조<81>

성경 66권은 1,600년이 넘는 긴 세월 동안 성령의 감동을 받은 각 시대의 사람들이 각기 다른 장소에서 기록한 것을 정경화한 것이다. 그럼에도 불구하고 놀랍게도 제 각각 짝이 있고 통일된 주제와 일관된 메시지를 전하고 있다. 이것은 우연이 아니며 하나님이 저자이심을 말씀해 준다. 따라서 새로운 편집방식으로 읽을 때 더 깊은 감동을 경험할 수 있다.

Ⅱ. 핵심구절 읽기

성경본문	출애굽기 33장	요한복음 12장	잠언 9장	에베소서 2장
통일주제	자세			
개별주제	하나님과 동행하기 위해 옛 생활을 버리는 자세	예수를 믿은 자들이 모든 것으로 헌신하는 자세	지혜를 얻기 위해 거만과 어리석음을 버리는 자세	은혜로 구원을 받은 자들이 성전 되어가는 자세
연합내용	**인간에게 습관은 매우 중요하다. 옛 습관은 구원을 얻은 자에게 버려야 할 자세다. 그러므로 예수를 믿고 따르는 모든 자는 악한 자세를 버리고 선한 자세, 즉 헌신과 지혜와 순종의 자세로 살아가야 한다.**			
핵심구절	1~6,8~11,14,17 19~20,23	1~8,12~14,17 23~28,32~33,36 42~50	1~6,9~10,12,18	1~5,8~10,13~19 21~22

• 출애굽기 33장 - 하나님과 동행하기 위해 옛 생활을 버리는 자세

여호와께서 모세에게 이르시되 너는 네가 애굽 땅에서 인도하여 낸 백성과 함께 여기를 떠나서 내가 아브라함과 이삭과 야곱에게 맹세하여 네 자손에게 주기로 한 그 땅으로 올라가라...(1~6절)

모세가 회막으로 나아갈 때에는 백성이 다 일어나 자기 장막 문에 서서 모세가 회막에 들어가기까지 바라보며...(8~11절)

여호와께서 이르시되 내가 친히 가리라 내가 너를 쉬게 하리라(14절)

여호와께서 모세에게 이르시되 네가 말하는 이 일도 내가 하리니 너는 내 목전에 은총

을 입었고 내가 이름으로도 너를 앎이니라(17절)
여호와께서 이르시되 내가 내 모든 선한 것을 네 앞으로 지나가게 하고 여호와의 이름을 네 앞에 선포하리라 나는 은혜 베풀 자에게 은혜를 베풀고 긍휼히 여길 자에게 긍휼을 베푸느니라...(19,20절)
손을 거두리니 네가 내 등을 볼 것이요 얼굴은 보지 못하리라(23절)

• 요한복음 12장 - 예수를 믿은 자들이 모든 것으로 헌신하는 자세

유월절 엿새 전에 예수께서 베다니에 이르시니 이 곳은 예수께서 죽은 자 가운데서 살리신 나사로가 있는 곳이라...(1~8절)
그 이튿날에는 명절에 온 큰 무리가 예수께서 예루살렘으로 오신다는 것을 듣고...(12~14절)
나사로를 무덤에서 불러내어 죽은 자 가운데서 살리실 때에 함께 있던 무리가 증언한지라(17절)
예수께서 대답하여 이르시되 인자가 영광을 얻을 때가 왔도다...(23~28절)
내가 땅에서 들리면 모든 사람을 내게로 이끌겠노라 하시니...(32,33절)
너희에게 아직 빛이 있을 동안에 빛을 믿으라 그리하면 빛의 아들이 되리라(36절)
그러나 관리 중에도 그를 믿는 자가 많되 바리새인들 때문에 드러나게 말하지 못하니 이는 출교를 당할까 두려워함이라...(42~50절)

• 잠언 9장 - 지혜를 얻기 위해 거만과 어리석음을 버리는 자세

지혜가 그의 집을 짓고 일곱 기둥을 다듬고...(1~6절)
지혜 있는 자에게 교훈을 더하라 그가 더욱 지혜로워질 것이요 의로운 사람을 가르치라 그의 학식이 더하리라...(9,10절)
네가 만일 지혜로우면 그 지혜가 네게 유익할 것이나 네가 만일 거만하면 너 홀로 해를 당하리라(12절)
오직 그 어리석은 자는 죽은 자들이 거기 있는 것과 그의 객들이 스올 깊은 곳에 있는 것을 알지 못하느니라(18절)

• 에베소서 2장 - 은혜로 구원을 받은 자들이 성전 되어가는 자세

그는 허물과 죄로 죽었던 너희를 살리셨도다...(1~5절)
너희는 그 은혜에 의하여 믿음으로 말미암아 구원을 받았으니 이것은 너희에게서 난 것이 아니요 하나님의 선물이라...(8~10절)
이제는 전에 멀리 있던 너희가 그리스도 예수 안에서 그리스도의 피로 가까워졌느니라...(13~19절)
그의 안에서 건물마다 서로 연결하여 주 안에서 성전이 되어 가고...(21,22절)

Ⅲ. 묵상을 위한 질문

1. 여호와 하나님은 왜 이스라엘 자손과 함께 가지 않으시겠다고 하셨나요?(3,5)

2. 모세가 함께 가실 것을 간절히 구하자 하나님은 무엇을 요구하셨나요?(5,14)

3. 예수님은 마리아의 헌신과 가룟 유다의 괘변에 어떻게 말씀하셨나요?(5,7~8)

4. 예수님은 자신을 믿고 따르는 자들에게 어떤 교훈을 말씀하셨나요?(23~24,47)

5. 지혜가 끊임없이 어리석은 자와 지혜없는 자를 부르는 이유는 무엇일까요?(6)

6. 솔로몬은 지혜의 근본이 무엇이며 명철은 무엇이라고 말했나요?(10)

7. 바울은 이방인이 그리스도인이 되기 전에 어떤 상태라고 말했나요?(3,11~12)

8. 바울은 예수님과 그리스도인을 무엇으로 비유하여 가르쳤나요?(20~22)

IV. 기도

1. 주여! 저희의 잘못된 자세를 용서하시고 항상 저희와 동행하여 주옵소서.
2. 주여! 저희에게 헌신의 마음을 주사 주 예수 그리스도를 온전히 섬기게 하옵소서.
3. 주여! 저희가 주의 처소인 성전이 되기 위하여 주 안에서 서로 연결하게 하옵소서.

• 하나님 마음 알아가기 • MEMO • 나(우리)에게 주시는 말씀 •

82 일차 / 365 부탁 3월 23일

Ⅰ. 맥체인성경의 통독구조<82>

맥체인성경의 바른 통독은 읽는 속도보다 읽는 자세에 있다. 신약과 구약의 각각 두 장을 필사하듯 정리하면서 깊이 묵상하는 자세로 읽어나가면 지혜와 지식, 명철과 총명의 은사를 경험할 수 있는 신비로운 영적 구조이다.

Ⅱ. 핵심구절 읽기

성경본문	출애굽기 34장	요한복음 13장	잠언 10장	에베소서 3장
통일주제	부탁			
개별주제	철저한 우상숭배의 금지와 절기 지킴을 부탁	섬김을 통해 서로 사랑하라는 새 계명 지킴을 부탁	재물과 장수의 복을 받도록 의인의 언행을 부탁	예수 사랑의 너비 길이 높이 깊이를 깨닫기를 부탁
연합내용	**인간은 원죄와 자범죄의 존재다. 늘 타락한 자신과 사단의 유혹 앞에 놓여 있다. 따라서 주님과 영적 지도자의 부탁을 듣고 지켜야 한다.**			
핵심구절	1~3,6~7,10~14 17~19,22,24 29~30,33~35	1~5,8,12~14 18~21,25~27,30 34~38	1,3~4,6,9 11~13,15~16,19 21~24,27,32	1~2,5~8,12 14~19

• 출애굽기 34장 - 철저한 우상숭배의 금지와 절기 지킴을 부탁

여호와께서 모세에게 이르시되 너는 돌판 둘을 처음 것과 같이 다듬어 만들라 네가 깨뜨린 처음 판에 있던 말을 내가 그 판에 쓰리니...(1~3절)
여호와께서 그의 앞으로 지나시며 선포하시되 여호와라 여호와라 자비롭고 은혜롭고 노하기를 더디하고 인자와 진실이 많은 하나님이라...(6,7절)
여호와께서 이르시되 보라 내가 언약을 세우나니 곧 내가 아직 온 땅 아무 국민에게도 행하지 아니한 이적을 너희 전체 백성 앞에 행할 것이라 네가 머무는 나라 백성이 다 여호와의 행하심을 보리니 내가 너를 위하여 행할 일이 두려운 것임이니라...(10~14절)
너는 신상들을 부어 만들지 말지니라...(17~19절)
칠칠절 곧 맥추의 초실절을 지키고 세말에는 수장절을 지키라(22절)
내가 이방 나라들을 네 앞에서 쫓아내고 네 지경을 넓히리니 네가 매년 세 번씩 여호

와 네 하나님을 뵈려고 올 때에 아무도 네 땅을 탐내지 못하리라(24절)
모세가 그 증거의 두 판을 모세의 손에 들고 시내 산에서 내려오니 그 산에서 내려올 때에 모세는 자기가 여호와와 말하였음으로 말미암아 얼굴 피부에 광채가 나나 깨닫지 못하였더라...(29,30절)
모세가 그들에게 말하기를 마치고 수건으로 자기 얼굴을 가렸더라...(33~35절)

• 요한복음 13장 - 섬김을 통해 서로 사랑하라는 새 계명 지킴을 부탁

유월절 전에 예수께서 자기가 세상을 떠나 아버지께로 돌아가실 때가 이른 줄 아시고 세상에 있는 자기 사람들을 사랑하시되 끝까지 사랑하시니라...(1~5절)
베드로가 이르되 내 발을 절대로 씻지 못하시리이다 예수께서 대답하시되 내가 너를 씻어 주지 아니하면 네가 나와 상관이 없느니라(8절)
그들의 발을 씻으신 후에 옷을 입으시고 다시 앉아 그들에게 이르시되 내가 너희에게 행한 것을 너희가 아느냐...(12~14절)
내가 너희 모두를 가리켜 말하는 것이 아니니라 나는 내가 택한 자들이 누구인지 앎이라 그러나 내 떡을 먹는 자가 내게 발꿈치를 들었다 한 성경을 응하게 하려는 것이니라...(18~21절)
그가 예수의 가슴에 그대로 의지하여 말하되 주여 누구니이까...(25~27절)
유다가 그 조각을 받고 곧 나가니 밤이러라(30절)
새 계명을 너희에게 주노니 서로 사랑하라 내가 너희를 사랑한 것 같이 너희도 서로 사랑하라...(34~38절)

• 잠언 10장 - 재물과 장수의 복을 받도록 의인의 언행을 부탁

솔로몬의 잠언이라 지혜로운 아들은 아비를 기쁘게 하거니와 미련한 아들은 어미의 근심이니라(1절)
여호와께서 의인의 영혼은 주리지 않게 하시나 악인의 소욕은 물리치시느니라...(3,4절)
의인의 머리에는 복이 임하나 악인의 입은 독을 머금었느니라(6절)
바른 길로 행하는 자는 걸음이 평안하려니와 굽은 길로 행하는 자는 드러나리라(9절)
의인의 입은 생명의 샘이라도 악인의 입은 독을 머금었느니라...(11~13절)
부자의 재물은 그의 견고한 성이요 가난한 자의 궁핍은 그의 멸망이니라...(15,16절)

말이 많으면 허물을 면하기 어려우나 그 입술을 제어하는 자는 지혜가 있느니라(19절)
의인의 입술은 여러 사람을 교육하나 미련한 자는 지식이 없어 죽느니라...(21~24절)
여호와를 경외하면 장수하느니라 그러나 악인의 수명은 짧아지느니라(27절)
의인의 입술은 기쁘게 할 것을 알거늘 악인의 입은 패역을 말하느니라(32절)

• 에베소서 3장 - 예수 사랑의 너비 길이 높이 깊이를 깨닫기를 부탁

이러므로 그리스도 예수의 일로 너희 이방인을 위하여 갇힌 자 된 나 바울이 말하거니와...(1,2절)
이제 그의 거룩한 사도들과 선지자들에게 성령으로 나타내신 것 같이 다른 세대에서는 사람의 아들들에게 알리지 아니하셨으니...(5~8절)
우리가 그 안에서 그를 믿음으로 말미암아 담대함과 확신을 가지고 하나님께 나아감을 얻느니라(12절)
이러므로 내가 하늘과 땅에 있는 각 족속에게...(14~19절)

Ⅲ. 묵상을 위한 질문

1. 처음과 다르게 두 번째로 십계명을 받을 때는 그 돌을 누가 준비했나요?(1)

2. 여호와께서 이스라엘 자손에게 새로운 언약을 주실 때에 명령하신 두 가지 내용은 무엇일까요?(14~15,18,22)

3. 예수님이 주와 선생이심에도 제자들의 발을 씻기신 이유는 무엇일까요?(8,20)

4. 예수님이 십자가를 지시기 전에 제자들에게 주신 새 계명은 무엇일까요?(34)

5. 솔로몬의 잠언 10장은 의인과 악인의 무엇을 강조하고 있을까요?(4,6,16)

6. 솔로몬은 여호와 하나님이 어떤 자에게 재물과 장수의 복을 주신다고 했나요?(3,14,19~22,27)

7. 바울은 에베소교회의 성도들에게 하나님이 자신에게 어떤 은혜를 주셨다고 말했나요?(3~4,7~9)

8. 바울이 에베소교회 성도를 위하여 간절히 기도한 내용은 무엇일까요?(16~19)

Ⅳ. 기도

1. 주여, 저희로 거짓된 우상숭배를 멀리하고 주의 복된 날을 성수하게 하옵소서.
2. 주여, 죄와 허물을 씻어주신 예수그리스도의 뜻을 따라 서로 사랑하게 하옵소서.
3. 주여, 저희로 의를 행하게 하사 구원의 은총과 재물과 장수를 누리게 하옵소서.

• 하나님 마음 알아가기 • MEMO • 나(우리)에게 주시는 말씀 •

83 일차 / 365 성령 3월 24일

Ⅰ. 맥체인성경의 통독구조<83>

맥체인성경은 각 시대의 상황을 기록한 네 장의 다양한 성경 주제내용을 매일 묵상을 통해 하나로 묶는 풍성하고 놀라운 구조이다.

Ⅱ. 핵심구절 읽기

성경본문	출애굽기 35장	요한복음 14장	잠언 11장	에베소서 4장
통일주제	성령			
개별주제	하나님의 영에 감동된 자가 자원하여 드리고 정교하게 만듬	보혜사 성령을 받은 자가 주의 일도 하고 보다 더 큰 일도 함	여호와의 신을 경외하는 자가 정직 성실 공의롭게 행동함	성령으로 하나되어 한 몸으로 세워져가는 새사람을 입음
연합내용	**신앙생활은 믿어주는 것이 아니다. 은혜로 믿게 된 것이며 더 큰 믿음으로 나아가게 되는 것이다. 그러므로 연약한 의지보다 성령의 도우심과 역사하심으로 성서적인 신앙생활이 가능한 것이다. 우리는 우리 자신의 자유의지가 성령의 감동으로 말미암아 자원하여 헌물을 드리고 봉사를 하며 구제하고 결합하는 그리스도인의 삶을 살아가게 되는 것이다.**			
핵심구절	2~3,5~10,19~22 25~26,29~31,34	1~3,6~7,10~17 21~24,26~27,31	1,3,5~6,8~9,11 13~14,16,19~22 24~25,28,30	1~6,10~16,20~27 29~32

• 출애굽기 35장 - 하나님의 영에 감동된 자가 자원하여 드리고 정교하게 만듬

엿새 동안은 일하고 일곱째 날은 너희를 위한 거룩한 날이니 여호와께 엄숙한 안식일이라 누구든지 이 날에 일하는 자는 죽일지니...(2~3절)

너희의 소유 중에서 너희는 여호와께 드릴 것을 택하되 마음에 원하는 자는 누구든지 그것을 가져다가 여호와께 드릴지니 곧 금과 은과 놋과...(5~10절)

성소에서 섬기기 위하여 정교하게 만든 옷 곧 제사 직분을 행할 때에 입는 제사장 아론의 거룩한 옷과 그의 아들들의 옷이니라...(19~22절)

마음이 슬기로운 모든 여인은 손수 실을 빼고 그 뺀 청색 자색 홍색 실과 가는 베 실을 가져왔으며...(25~26절)

마음에 자원하는 남녀는 누구나 여호와께서 모세의 손을 빌어 명령하신 모든 것을 만

들기 위하여 물품을 드렸으니 이것이 이스라엘 자손이 여호와께 자원하여 드린 예물이니라...(29~31절)
또 그와 단 지파 아히사막의 아들 오홀리압을 감동시키사 가르치게 하시며(34절)

• 요한복음 14장 - 보혜사 성령을 받은 자가 주의 일도 하고 보다 더 큰 일도 함

너희는 마음에 근심하지 말라 하나님을 믿으니 또 나를 믿으라...(1~3절)
예수께서 이르시되 내가 곧 길이요 진리요 생명이니 나로 말미암지 않고는 아버지께로 올 자가 없느니라...(6~7절)
내가 아버지 안에 거하고 아버지는 내 안에 계신 것을 네가 믿지 아니하느냐 내가 너희에게 이르는 말은 스스로 하는 것이 아니라 아버지께서 내 안에 계셔서 그의 일을 하시는 것이라...(10~17절)
나의 계명을 지키는 자라야 나를 사랑하는 자니 나를 사랑하는 자는 내 아버지께 사랑을 받을 것이요 나도 그를 사랑하여 그에게 나를 나타내리라...(21~24절)
보혜사 곧 아버지께서 내 이름으로 보내실 성령 그가 너희에게 모든 것을 가르치고 내가 너희에게 말한 모든 것을 생각나게 하리라...(26~27절)
오직 내가 아버지를 사랑하는 것과 아버지께서 명하신 대로 행하는 것을 세상이 알게 하려 함이로라 일어나라 여기를 떠나자 하시니라(31절)

• 잠언 11장 - 여호와의 신을 경외하는 자가 정직 성실 공의롭게 행동함

속이는 저울은 여호와께서 미워하시나 공평한 추는 그가 기뻐하시느니라(1절)
정직한 자의 성실은 자기를 인도하거니와 사악한 자의 패역은 자기를 망하게 하느니라(3절)
완전한 자의 공의는 자기의 길을 곧게 하려니와 악한 자는 자기의 악으로 말미암아 넘어지리라...(5~6절)
의인은 환난에서 구원을 얻으나 악인은 자기의 길로 가느니라...(8~9절)
성읍은 정직한 자의 축복으로 인하여 진흥하고 악한 자의 입으로 말미암아 무너지느니라(11절)
두루 다니며 한담하는 자는 남의 비밀을 누설하나 마음이 신실한 자는 그런 것을 숨기느니라...(13~14절)
유덕한 여자는 존영을 얻고 근면한 남자는 재물을 얻느니라(16절)

공의를 굳게 지키는 자는 생명에 이르고 악을 따르는 자는 사망에 이르느니라...(19~22절)

흩어 구제하여도 더욱 부하게 되는 일이 있나니 과도히 아껴도 가난하게 될 뿐이니라...(24~25절)

자기의 재물을 의지하는 자는 패망하려니와 의인은 푸른 잎사귀 같아서 번성하리라(28절)

의인의 열매는 생명 나무라 지혜로운 자는 사람을 얻느니라(30절)

• 에베소서 4장 - 성령으로 하나되어 한 몸으로 세워져가는 새사람을 입음

그러므로 주 안에서 갇힌 내가 너희를 권하노니 너희가 부르심을 받은 일에 합당하게 행하여...(1~6절)

내리셨던 그가 곧 모든 하늘 위에 오르신 자니 이는 만물을 충만하게 하려 하심이라...(10~16절)

오직 너희는 그리스도를 그같이 배우지 아니하였느니라...(20~27절)

무릇 더러운 말은 너희 입 밖에도 내지 말고 오직 덕을 세우는 데 소용되는 대로 선한 말을 하여 듣는 자들에게 은혜를 끼치게 하라...(29~32절)

Ⅲ. 묵상을 위한 질문

1. 모세가 이스라엘 자손에게 전한 하나님의 명령 두 가지는 무엇일까요?(2,5,10)

2. 하나님의 영으로 감동된 자가 자원하는 마음으로 드리고 지혜로운 능력과 기술로 만든 것은 무엇일까요?(21,29,31)

3. 예수님은 제자들을 향하여 누구처럼 버려두지 않겠다고 말씀하셨나요?(3,18)

4. 예수님이 제자들에게 약속하신 가장 큰 선물과 위로는 무엇일까요?(16,26)

5. 솔로몬은 하나님이 어떤 자를 기뻐하신다고 말했나요?(1,20)

6. 솔로몬은 어떻게 하는 자가 세상에서 잘 된다고 말했나요?(3,5,6,11,16,19,24)

7. 바울은 에베소교회가 성령 안에서 한 몸으로 세워져 가기 위해 반드시 무엇이 필요하다고 말했나요?(2~4,11~12)

8. 바울은 에베소교회의 성도들에게 마귀에게 틈을 주지 말고 특히 말을 할 때 어떻게 하라고 권면했나요?(25,27,29)

Ⅳ. 기도

1. 주여, 성령에 감동된 자가 되어 모든 주의 일을 자원함으로 하게 하옵소서.
2. 주여, 성령 안에서 성서적인 인격과 은사를 갖추어 교회를 세우게 하옵소서.

• 하나님 마음 알아가기 • MEMO • 나(우리)에게 주시는 말씀 •

84 일차 / 365 풍성 3월 25일

Ⅰ. 맥체인성경의 통독구조<84>

맥체인성경의 바른 통독은 읽는 속도보다 읽는 자세에 있다. 신약과 구약의 각각 두 장을 필사하듯 정리하면서 깊이 묵상하는 자세로 읽어나가면 지식과 지혜의 은사를 경험할 수 있는 신비로운 영적 구조이다.

Ⅱ. 핵심구절 읽기

성경본문	출애굽기 36장	요한복음 15장	잠언 12장	에베소서 5장
통일주제	풍성			
개별주제	회막과 성소를 위해 자원하여 드린 예물의 풍성함	포도나무이신 예수에 붙어 맺는 열매의 풍성함	훈계 지혜 성실 참음 진실로 맺는 열매의 풍성함	주의 사랑과 성령의 충만함으로 맺는 열매의 풍성함
연합내용	**하나님은 풍성하신 분이시다. 그러므로 하나님을 믿는 자는 그 풍성하심에 거할 수 있다. 그 풍성하심에 거하기를 원하는 자마다 하나님을 향해 자원하는 마음과 주 예수 안에 거하는 생활 그리고 성령충만을 유지하는 구별된 삶을 살아야 한다.**			
핵심구절	2~8,14,19~20 35~36	1~8,11~14,16 19,26~27	1~2,4,8,11~12 14~16,18~19 21~22,24,27	1~5,7~10,15~19 22~23,25~27,33

• 출애굽기 36장 - 회막과 성소를 위해 자원하여 드린 예물의 풍성함

모세가 브살렐과 오홀리압과 및 마음이 지혜로운 사람 곧 그 마음에 여호와께로부터 지혜를 얻고 와서 그 일을 하려고 마음에 원하는 모든 자를 부르매...(2~8절)
그 성막을 덮는 막 곧 휘장을 염소 털로 만들되 열한 폭을 만들었으니(14절)
붉은 물 들인 숫양의 가죽으로 막의 덮개를 만들고 해달의 가죽으로 그 웃덮개를 만들었더라...(19~20절)
그가 또 청색 자색 홍색 실과 가늘게 꼰 베 실로 휘장을 짜고 그 위에 그룹들을 정교하게 수 놓고...(35~36절)

• 요한복음 15장 - 포도나무이신 예수에 붙어 맺는 열매의 풍성함

나는 참포도나무요 내 아버지는 농부라...(1~8절)
내가 이것을 너희에게 이름은 내 기쁨이 너희 안에 있어 너희 기쁨을 충만하게 하려 함이라...(11~14절)
너희가 나를 택한 것이 아니요 내가 너희를 택하여 세웠나니 이는 너희로 가서 열매를 맺게 하고 또 너희 열매가 항상 있게 하여 내 이름으로 아버지께 무엇을 구하든지 다 받게 하려 함이라(16절)
너희가 세상에 속하였으면 세상이 자기의 것을 사랑할 것이나 너희는 세상에 속한 자가 아니요 도리어 내가 너희를 세상에서 택하였기 때문에 세상이 너희를 미워하느니라(19절)
내가 아버지께로부터 너희에게 보낼 보혜사 곧 아버지께로부터 나오시는 진리의 성령이 오실 때에 그가 나를 증언하실 것이요...(26~27절)

• 잠언 12장 - 훈계 지혜 성실 참음 진실로 맺는 열매의 풍성함

훈계를 좋아하는 자는 지식을 좋아하거니와 징계를 싫어하는 자는 짐승과 같으니라...(1~2절)
어진 여인은 그 지아비의 면류관이나 욕을 끼치는 여인은 그 지아비의 뼈가 썩음 같게 하느니라(4절)
사람은 그 지혜대로 칭찬을 받으려니와 마음이 굽은 자는 멸시를 받으리라(8절)
자기의 토지를 경작하는 자는 먹을 것이 많거니와 방탕한 것을 따르는 자는 지혜가 없느니라...(11~12절)
사람은 입의 열매로 말미암아 복록에 족하며 그 손이 행하는 대로 자기가 받느니라...(14~16절)
칼로 찌름 같이 함부로 말하는 자가 있거니와 지혜로운 자의 혀는 양약과 같으니라...(18~19절)
의인에게는 어떤 재앙도 임하지 아니하려니와 악인에게는 앙화가 가득하리라...(21~22절)
부지런한 자의 손은 사람을 다스리게 되어도 게으른 자는 부림을 받느니라(24절)
게으른 자는 그 잡을 것도 사냥하지 아니하나니 사람의 부귀는 부지런한 것이니라(27절)

• 에베소서 5장 - 주의 사랑과 성령의 충만함으로 맺는 열매의 풍성함

그러므로 사랑을 받는 자녀 같이 너희는 하나님을 본받는 자가 되고...(1~5절)
그러므로 그들과 함께 하는 자가 되지 말라...(7~10절)
그런즉 너희가 어떻게 행할지를 자세히 주의하여 지혜 없는 자 같이 하지 말고 오직 지혜 있는 자 같이 하여...(15~19절)
아내들이여 자기 남편에게 복종하기를 주께 하듯 하라...(22~23절)
남편들아 아내 사랑하기를 그리스도께서 교회를 사랑하시고 그 교회를 위하여 자신을 주심 같이 하라...(25~27절)
그러나 너희도 각각 자기의 아내 사랑하기를 자신 같이 하고 아내도 자기 남편을 존경하라(33절)

Ⅲ. 묵상을 위한 질문

1. 여호와가 모세에게 명령한 성소를 만들 때 이스라엘 자손은 성소에 드릴 예물을 얼만큼 가지고 왔나요?(3,5)

2. 모세를 통해 명령한 성소의 모든 것을 만들 때 어떤 사람이 봉사했나요?(1,4)

3. 예수님은 자신을 무슨 나무에 비유하셨나요?(1)

4. 가지인 우리가 많은 열매를 맺기 위한 가장 중요한 내용은 무엇일까요?(4~5)

5. 솔로몬은 훈계와 징계를 싫어하는 사람을 무엇과 같다고 했나요?(1)

6. 솔로몬은 함부로 말하는 자를 무엇과 같다고 비유했나요?(18)

7. 바울은 에베소교회에게 빛의 자녀답게 어떤 열매를 맺으라고 말했나요?(8~9)

8. 바울은 예수 그리스도와 교회의 관계를 어떤 비유로 설명했나요?(22~25,28,33)

IV. 기도

1. 주여, 하나님의 성전을 지을 때에 자원하는 마음과 풍성한 물질을 주옵소서.
2. 주여, 예수 안에서 풍성한 열매를 맺는 참된 제자가 되게 하옵소서.
3. 주여, 항상 훈계를 좋아하고 남을 위한 말을 함으로 복의 사람이 되게 하옵소서.

• 하나님 마음 알아가기 • MEMO • 나(우리)에게 주시는 말씀 •

85 일차 / 365 연결 3월 26일

Ⅰ. 맥체인성경의 통독구조<85>

성경 66권은 1600년이 넘는 긴 세월 동안 성령의 감동을 입은 각 시대의 사람들이 각기 다른 장소에서 기록한 것을 정경화한 것이다. 그럼에도 불구하고 놀랍게도 제각각 짝이 있고 통일된 주제와 일관된 메시지를 전한다. 이것은 우연이 아니며 하나님이 저자이심을 증명하고 있다. 따라서 새로운 편집방식으로 읽을 때 더 깊은 감동을 경험하게 된다.

Ⅱ. 핵심구절 읽기

성경본문	출애굽기 37장	요한복음 16장	잠언 13장	에베소서 6장
통일주제	연결			
개별주제	성소 등잔대의 꽃받침과 가지들과 줄기가 연결	승천하신 예수와 강림하신 성령이 사역으로 연결	의인의 삶이 형통과, 죄인의 삶이 패망과 연결	부모와 자녀, 상전과 종, 예수와 성도가 도리로 연결
연합내용	**세상의 모든 것은 조화를 이루며 함께 존재한다. 이것은 천지만물을 창조하신 하나님의 뜻이다. 악한 영은 인간을 끊임없이 분열시키려고 하지만 삼위일체 하나님은 성도를 늘 하나로 연결하고 연합하신다.**			
핵심구절	1~2,6~7,10 16~17,21~25,29	1~2,4,7~11 13~15,20~24 27~28,32~33	1~3,7,9~12 17~19,22,24	1~4,10,18,21

• 출애굽기 37장 - 성소 등잔대의 꽃받침과 가지들과 줄기가 연결

브살렐이 조각목으로 궤를 만들었으니 길이가 두 규빗 반, 너비가 한 규빗 반, 높이가 한 규빗 반이며...(1~2절)
순금으로 속죄소를 만들었으니 길이가 두 규빗 반, 너비가 한 규빗 반이며...(6~7절)
그가 또 조각목으로 상을 만들었으니 길이가 두 규빗, 너비가 한 규빗, 높이가 한 규빗 반이며(10절)
상 위의 기구 곧 대접과 숟가락과 잔과 따르는 병을 순금으로 만들었더라...(16~17절)
등잔대에서 나온 가지 여섯을 위하여는 꽃받침이 있게 하였으되 두 가지 아래에 한 꽃받침이 있어 줄기와 연결하였고 또 두 가지 아래에 한 꽃받침이 있어 줄기와 연결하였고 또 다시 두 가지 아래에 한 꽃받침이 있어 줄기와 연결되게 하였으니...(21~25절)
거룩한 관유와 향품으로 정결한 향을 만들었으되 향을 만드는 법대로 하였더라(29절)

• 요한복음 16장 - 승천하신 예수와 강림하신 성령이 사역으로 연결

내가 이것을 너희에게 이름은 너희로 실족하지 않게 하려 함이니...(1~2절)
오직 너희에게 이 말을 한 것은 너희로 그 때를 당하면 내가 너희에게 말한 이것을 기억나게 하려 함이요 처음부터 이 말을 하지 아니한 것은 내가 너희와 함께 있었음이라(4절)
그러나 내가 너희에게 실상을 말하노니 내가 떠나가는 것이 너희에게 유익이라 내가 떠나가지 아니하면 보혜사가 너희에게로 오시지 아니할 것이요 가면 내가 그를 너희에게로 보내리니...(7~11절)
그러나 진리의 성령이 오시면 그가 너희를 모든 진리 가운데로 인도하시리니 그가 스스로 말하지 않고 오직 들은 것을 말하며 장래 일을 너희에게 알리시리라...(13~15절)
내가 진실로 진실로 너희에게 이르노니 너희는 곡하고 애통하겠으나 세상은 기뻐하리라 너희는 근심하겠으나 너희 근심이 도리어 기쁨이 되리라...(20~24절)
이는 너희가 나를 사랑하고 또 내가 하나님께로부터 온 줄 믿었으므로 아버지께서 친히 너희를 사랑하심이라...(27~28절)
보라 너희가 다 각각 제 곳으로 흩어지고 나를 혼자 둘 때가 오나니 벌써 왔도다 그러나 내가 혼자 있는 것이 아니라 아버지께서 나와 함께 계시느니라...(32~33절)

• 잠언 13장 - 의인의 삶이 형통과, 죄인의 삶이 패망과 연결

지혜로운 아들은 아비의 훈계를 들으나 거만한 자는 꾸지람을 즐겨 듣지 아니하느니라...(1~3절)
스스로 부한 체하여도 아무 것도 없는 자가 있고 스스로 가난한 체하여도 재물이 많은 자가 있느니라(7절)
의인의 빛은 환하게 빛나고 악인의 등불은 꺼지느니라...(9~12절)
악한 사자는 재앙에 빠져도 충성된 사신은 양약이 되느니라...(17~19절)
선인은 그 산업을 자자 손손에게 끼쳐도 죄인의 재물은 의인을 위하여 쌓이느니라(22절)

매를 아끼는 자는 그의 자식을 미워함이라 자식을 사랑하는 자는 근실히 징계하느니라(24절)

• 에베소서 6장 - 부모와 자녀, 상전과 종, 예수와 성도가 도리로 연결

자녀들아 주 안에서 너희 부모에게 순종하라 이것이 옳으니라...(1~4절)
끝으로 너희가 주 안에서와 그 힘의 능력으로 강건하여지고(10절)
모든 기도와 간구를 하되 항상 성령 안에서 기도하고 이를 위하여 깨어 구하기를 항상 힘쓰며 여러 성도를 위하여 구하라(18절)
나의 사정 곧 내가 무엇을 하는지 너희에게도 알리려 하노니 사랑을 받은 형제요 주 안에서 진실한 일꾼인 두기고가 모든 일을 너희에게 알리리라(21절)

Ⅲ. 묵상을 위한 질문

1. 왜 하나님은 궤, 속죄소, 상, 등잔대, 제단의 뿔을 순금으로 싸라고 하셨나요?(2,11,24)

2. 하나님이 등잔대의 꽃받침과 가지들을 줄기와 연결시킨 이유는 무엇일까요?(22)

3. 예수님은 보혜사 진리의 성령이 오시면 어떤 일을 하신다고 말씀하셨나요?(8,13)

4. 예수님은 자기의 이름으로 구하면 어떤 결과가 온다고 말씀하셨나요?(23~24)

5. 솔로몬은 어떤 자가 재물을 쌓고 누린다고 했나요?(4,11,22)

6. 솔로몬은 자녀 교육을 어떻게 해야 한다고 했나요?(24)

7. 바울은 에베소교회에게 부모와 자녀 사이에 대하여 어떤 도리를 가르쳤나요?(1~4)

8. 바울은 에베소교회에게 마귀를 물리치기 위하여 무엇을 입으라고 했나요?(11~17)

Ⅳ. 기도

1. 주여, 지체 간에 서로 사랑함으로 연결하여 주의 몸된 교회를 세우게 하옵소서.
2. 주여, 주 예수의 이름으로 성령 안에서 무시로 기도하여 응답받게 하옵소서.
3. 주여, 마귀의 간계를 물리치기 위하여 하나님의 전신갑주를 입게 하옵소서.

• 하나님 마음 알아가기 • MEMO • 나(우리)에게 주시는 말씀 •

86 일차 / 365 감당 3월 27일

Ⅰ. 맥체인성경의 통독구조<86>

신구약성경 전체를 네 시대로 구분하여 하루에 4장씩 동시에 읽으면 각 시대별로 또한 거시적인 안목으로 하나님의 다스리시는 통치의 역사를 역동적으로 묵상할 수 있는 구조다.

Ⅱ. 핵심구절 읽기

성경본문	출애굽기 38장	요한복음 17장	잠언 14장	빌립보서 1장
통일주제	감당			
개별주제	성막 성소에 제반 기구와 비용을 온전히 자원함으로 감당	맡은 일을 이루신 예수의 소망인 하나됨을 제자들이 감당	여호와를 경외하고 복을 받기 위하여 감정과 수고를 감당	바울과 빌립보교회가 복음을 위하여 협력과 고난을 감당
연합내용	**예수를 영접한 성도에게는 특권과 책임이 있다. 자녀의 특권을 누리는 성도는 주께서 맡기신 사명을 감당할 책임도 있는 것이다. 성전에 관한 것, 관계에 관한 것, 축복에 관한 것, 복음에 관한 것 등이다.**			
핵심구절	1~4,8~9,17~26 29	1~5,8,11~12 14~15,17~21,24	1~4,7,11~13 15~17,20~21,23 26~31,34	1,4~11,14,18 20~21,25~29

• 출애굽기 38장 - 성막 성소에 제반 기구와 비용을 온전히 자원함으로 감당

그가 또 조각목으로 번제단을 만들었으니 길이는 다섯 규빗이요 너비도 다섯 규빗이라 네모가 반듯하고 높이는 세 규빗이며...(1~4절)
그가 놋으로 물두멍을 만들고 그 받침도 놋으로 하였으니 곧 회막 문에서 수종드는 여인들의 거울로 만들었더라...(8~9절)
기둥 받침은 놋이요 기둥의 갈고리와 가름대는 은이요 기둥 머리 싸개는 은이며 뜰의 모든 기둥에 은 가름대를 꿰었으며...(17~26절)
드린 놋은 칠십 달란트와 이천사백 세겔이라(29절)

• 요한복음 17장 - 맡은 일을 이루신 예수의 소망인 하나됨을 제자들이 감당

예수께서 이 말씀을 하시고 눈을 들어 하늘을 우러러 이르시되 아버지여 때가 이르렀사오니 아들을 영화롭게 하사 아들로 아버지를 영화롭게 하게 하옵소서...(1~5절)
나는 아버지께서 내게 주신 말씀들을 그들에게 주었사오며 그들은 이것을 받고 내가 아버지께로부터 나온 줄을 참으로 아오며 아버지께서 나를 보내신 줄도 믿었사옵나이다(8절)
나는 세상에 더 있지 아니하오나 그들은 세상에 있사옵고 나는 아버지께로 가옵나니 거룩하신 아버지여 내게 주신 아버지의 이름으로 그들을 보전하사 우리와 같이 그들도 하나가 되게 하옵소서...(11~12절)
내가 아버지의 말씀을 그들에게 주었사오매 세상이 그들을 미워하였사오니 이는 내가 세상에 속하지 아니함 같이 그들도 세상에 속하지 아니함으로 인함이니이다...(14~15절)
그들을 진리로 거룩하게 하옵소서 아버지의 말씀은 진리니이다...(17~21절)
아버지여 내게 주신 자도 나 있는 곳에 나와 함께 있어 아버지께서 창세 전부터 나를 사랑하시므로 내게 주신 나의 영광을 그들로 보게 하시기를 원하옵나이다(24절)

• 잠언 14장 - 여호와를 경외하고 복을 받기 위하여 감정과 수고를 감당

지혜로운 여인은 자기 집을 세우되 미련한 여인은 자기 손으로 그것을 허느니라...(1~4절)
너는 미련한 자의 앞을 떠나라 그 입술에 지식 있음을 보지 못함이니라(7절)
악한 자의 집은 망하겠고 정직한 자의 장막은 흥하리라...(11~13절)
어리석은 자는 온갖 말을 믿으나 슬기로운 자는 자기의 행동을 삼가느니라...(15~17절)
가난한 자는 이웃에게도 미움을 받게 되나 부요한 자는 친구가 많으니라...(20~21절)
모든 수고에는 이익이 있어도 입술의 말은 궁핍을 이룰 뿐이니라(23절)
여호와를 경외하는 자에게는 견고한 의뢰가 있나니 그 자녀들에게 피난처가 있으리라...(26~31절)
공의는 나라를 영화롭게 하고 죄는 백성을 욕되게 하느니라(34절)

• 빌립보서 1장 - 바울과 빌립보교회가 복음을 위하여 협력과 고난을 감당

그리스도 예수의 종 바울과 디모데는 그리스도 예수 안에서 빌립보에 사는 모든 성도와 또한 감독들과 집사들에게 편지하노니(1절)

간구할 때마다 너희 무리를 위하여 기쁨으로 항상 간구함은...(4~11절)

형제 중 다수가 나의 매임으로 말미암아 주 안에서 신뢰함으로 겁 없이 하나님의 말씀을 더욱 담대히 전하게 되었느니라(14절)

그러면 무엇이냐 겉치레로 하나 참으로 하나 무슨 방도로 하든지 전파되는 것은 그리스도니 이로써 나는 기뻐하고 또한 기뻐하리라(18절)

나의 간절한 기대와 소망을 따라 아무 일에든지 부끄러워하지 아니하고 지금도 전과 같이 온전히 담대하여 살든지 죽든지 내 몸에서 그리스도가 존귀하게 되게 하려 하나니...(20~21절)

내가 살 것과 너희 믿음의 진보와 기쁨을 위하여 너희 무리와 함께 거할 이것을 확실히 아노니...(25~29절)

Ⅲ. 묵상을 위한 질문

1. 하나님이 번제단과 물두멍을 놋으로 만들라고 하신 이유는 무엇일까요?(1~2,8)

2. 성경에 성막과 성소 그리고 제반 기구를 만든 사람들과 사용된 비용을 모두 기록한 이유는 무엇일까요?(21~26)

3. 예수님은 하나님께 기도하실 때에 영생에 대해 어떻게 말씀하셨나요?(3)

4. 예수님은 자신의 제자들에 대하여 하나님께 어떤 기도를 드리셨나요?(11,21~22)

5. 솔로몬은 여호와를 경외하는 증거로 무엇을 제시했나요?(2,26~27,31)

6. 솔로몬은 인간에게 있어서 특별히 어떤 성품을 주의하라고 말했나요?(17,29)

7. 바울은 빌립보 성도, 감독들, 집사들에게 무엇이 기쁘다고 말했나요?(4~5,18)

8. 바울은 빌립보 성도, 감독들, 집사들에게 무엇을 권면했나요?(27~29)

Ⅳ. 기도

1. 주여, 주의 일을 위해 사용되는 모든 비용을 감사함으로 드리게 하옵소서.
2. 주여, 교회의 지체인 모든 성도들이 한 마음 한 뜻으로 하나가 되게 하옵소서.
3. 주여, 복음을 위하여 고난과 죽음을 초월했던 바울을 늘 따라가게 하옵소서.

• 하나님 마음 알아가기 • MEMO • 나(우리)에게 주시는 말씀 •

87 일차 / 365 성결 3월 28일

Ⅰ. 맥체인성경의 통독구조<87>

성경 4장 본문을 읽고 4시대 가운데 나타나는 하나님의 역사에 대해 공통주제와 사상을 찾은 후 그 핵심단어를 서로 링크하여 적용점을 묵상하는 구조이다.

Ⅱ. 핵심구절 읽기

성경본문	출애굽기 39장	요한복음 18장	잠언 15장	빌립보서 2장
통일주제	성결			
개별주제	아론과 아들들 제사장의 거룩한 직분과 성결	빌라도의 심문 후 무죄선언과 예수의 성결	대답 말 혀 입술을 다스리는 의인의 성결	예수의 마음을 닮은 빌립보성도의 흠없는 삶의 성결
연합내용	**하나님은 죄로 인하여 죽게 된 영혼들에게 예수 그리스도를 보내주심으로 구원하셨다. 구원받고 거듭난 성도들은 늘 성결한 삶을 살아야 한다. 성결한 언행일치의 삶과 빛된 직분감당의 삶을 살아야 한다.**			
핵심구절	1~3,6~8,14~15 21~22,25,27~28 30,32,41,43	3~5,8~14,17 20~21,25~27 30~38	1~4,6,8~9,12~13 15~19,22~24 28~29,32~33	1~15,20~22 25~27,30

• 출애굽기 39장 - 아론과 아들들 제사장의 거룩한 직분과 성결

그들은 여호와께서 모세에게 명령하신 대로 청색 자색 홍색 실로 성소에서 섬길 때 입을 정교한 옷을 만들고 또 아론을 위해 거룩한 옷을 만들었더라...(1~3절)

그들은 또 호마노를 깎아 금 테에 물려 도장을 새김 같이 이스라엘의 아들들의 이름을 그것에 새겨...(6~8절)

이 보석들은 이스라엘의 아들들의 이름 곧 그들의 이름대로 열둘이라 도장을 새김 같이 그 열두 지파의 각 이름을 새겼으며...(14~15절)

청색 끈으로 흉패 고리와 에봇 고리에 꿰어 흉패로 정교하게 짠 에봇 띠 위에 붙여서 에봇에서 벗어지지 않게 하였으니 여호와께서 모세에게 명령하신 대로 하였더라...(21~22절)

순금으로 방울을 만들어 그 옷 가장자리로 돌아가며 석류 사이사이에 달되(25절)

그들이 또 직조한 가는 베로 아론과 그의 아들들을 위하여 속옷을 짓고...(27~28절)

그들이 또 순금으로 거룩한 패를 만들고 도장을 새김 같이 그 위에 '여호와께 성결'이라 새기고(30절)
이스라엘 자손이 이와 같이 성막 곧 회막의 모든 역사를 마치되 여호와께서 모세에게 명령하신 대로 다 행하고(32절)
성소에서 섬기기 위한 정교한 옷 곧 제사 직분을 행할 때에 입는 제사장 아론의 거룩한 옷과 그의 아들들의 옷이라(41절)
모세가 그 마친 모든 것을 본즉 여호와께서 명령하신 대로 되었으므로 모세가 그들에게 축복하였더라(43절)

• 한복음 18장 - 빌라도의 심문 후 무죄선언과 예수의 성결

유다가 군대와 대제사장들과 바리새인들에게서 얻은 아랫사람들을 데리고 등과 횃불과 무기를 가지고 그리로 오는지라...(3~5절)
예수께서 대답하시되 너희에게 내가 그니라 하였으니 나를 찾거든 이 사람들이 가는 것은 용납하라 하시니...(8~14절)
문 지키는 여종이 베드로에게 말하되 너도 이 사람의 제자 중 하나가 아니냐 하니 그가 말하되 나는 아니라 하고(17절)
예수께서 대답하시되 내가 드러내 놓고 세상에 말하였노라 모든 유대인들이 모이는 회당과 성전에서 항상 가르쳤고 은밀하게는 아무 것도 말하지 아니하였거늘...(20~21절)
시몬 베드로가 서서 불을 쬐더니 사람들이 묻되 너도 그 제자 중 하나가 아니냐 베드로가 부인하여 이르되 나는 아니라 하니...(25~27절)
대답하여 이르되 이 사람이 행악자가 아니었더라면 우리가 당신에게 넘기지 아니하였겠나이다...(30~38절)

• 잠언 15장 - 대답 말 혀 입술을 다스리는 의인의 성결

유순한 대답은 분노를 쉬게 하여도 과격한 말은 노를 격동하느니라...(1~4절)
의인의 집에는 많은 보물이 있어도 악인의 소득은 고통이 되느니라(6절)
악인의 제사는 여호와께서 미워하셔도 정직한 자의 기도는 그가 기뻐하시느니라...(8~9절)
거만한 자는 견책 받기를 좋아하지 아니하며 지혜 있는 자에게로 가지도 아니하느니

라...(12~13절)
고난 받는 자는 그 날이 다 험악하나 마음이 즐거운 자는 항상 잔치하느니라...(15~19절)
의논이 없으면 경영이 무너지고 지략이 많으면 경영이 성립하느니라...(22~24절)
의인의 마음은 대답할 말을 깊이 생각하여도 악인의 입은 악을 쏟느니라...(28~29절)
훈계 받기를 싫어하는 자는 자기의 영혼을 경히 여김이라 견책을 달게 받는 자는 지식을 얻느니라...(32~33절)

• 빌립보서 2장 - 예수의 마음을 닮은 빌립보 성도의 흠없는 삶의 성결

그러므로 그리스도 안에 무슨 권면이나 사랑의 무슨 위로나 성령의 무슨 교제나 긍휼이나 자비가 있거든...(1~15절)
이는 뜻을 같이하여 너희 사정을 진실히 생각할 자가 이밖에 내게 없음이라...(20~22절)
그러나 에바브로디도를 너희에게 보내는 것이 필요한 줄로 생각하노니 그는 나의 형제요 함께 수고하고 함께 군사 된 자요 너희 사자로 내가 쓸 것을 돕는 자라...(25~27절)
그가 그리스도의 일을 위하여 죽기에 이르러도 자기 목숨을 돌보지 아니한 것은 나를 섬기는 너희의 일에 부족함을 채우려 함이니라(30절)

Ⅲ. 묵상을 위한 질문

1. 여호와께서 아론과 제사장이 성소에서 섬길 때 입을 옷을 정교하고 화려하게 만들도록 하신 이유는 무엇일까요?(1,3,6~7,41)

2. 성막의 모든 역사를 마쳤을 때 모세는 어떤 두 가지 일을 했나요?(33,43)

3. 예수님이 잡히시던 날 밤에 베드로는 어떤 상반된 행동을 했나요?(10,17,25~27)

4. 빌라도는 예수님을 재판한 후 어떤 결론을 내렸나요?(38~40)

5. 솔로몬은 지혜와 지식, 명철과 총명, 훈계와 견책이 의인의 무엇을 통하여 나온다고 말했나요?(2,4,7,12,14,23,26,28,32)

6. 솔로몬은 가정의 진정한 평안이 어디에 있다고 말했나요?(16~17,22)

7. 바울은 빌립보 성도들에게 예수 그리스도를 어떻게 설명했나요?(5~8)

8. 바울이 복음전파와 선교사역을 하면서 신뢰했던 대표적인 두 사람과 그 이유는 무엇일까요?(19~20,25~28)

Ⅳ. 기도

1. 주여, 저희가 예수님을 따를 때 어떠한 상황에서도 일관되게 하옵소서.
2. 주여, 저희가 교회생활과 사회생활을 할 때 말과 행동이 의롭게 하옵소서.
3. 주여, 목회자와 성도가 늘 주 안에서 서로 신뢰하는 관계가 되게 하옵소서.

• 하나님 마음 알아가기 • MEMO • 나(우리)에게 주시는 말씀 •

맥체인성경 이독통독 말씀여행 Day-340

2019.12.6.(금)

Ⅰ. 맥체인성경과 통독구조

Ⅱ. 핵심구절 읽기

성경본문	역대하 6장	요한일서 5장	하박국 1장	누가복음 20장
통일주제				
개별주제				
연합내용				
핵심구절				

Ⅲ. 묵상하기

1.
2.
3.
4.
5.
6.
7.
8.

Ⅳ. 기도제목

1.
2.
3.

맥체인성경 이독통독 말씀여행 Day-341

2019.12.7.(토)

Ⅰ. 맥체인성경과 통독구조

Ⅱ. 핵심구절 읽기

성경본문	역대하 7장	요한이서 1장	하박국 2장	누가복음 21장
통일주제				
개별주제				
연합내용				
핵심구절				

Ⅲ. 묵상하기

1.
2.
3.
4.
5.
6.
7.
8.

Ⅳ. 기도제목

1.
2.
3.

맥체인 1년 1독 성경읽기

맥체인 통독 맥잡기(3)

2019년 12월 5일 초판 1쇄 발행
지 은 이 김홍양
발 행 처 선교횃불
디 자 인 디자인이츠
등 록 일 1999년 9월 21일 제54호
등록주소 서울시 송파구 백제고분로 27길 12(삼전동)
전　　화 (02) 2203-2739
팩　　스 (02) 2203-2738
이 메 일 ccm2you@gmail.com
홈페이지 www.ccm2u.com